JN080788

多文化共生のための
シティズンシップ教育
実践ハンドブック

多文化共生のための市民性教育研究会＝編著

片田 孫 朝日／川中大輔／窪田勉／杉浦真理
野崎志帆／藤川瞭／松田ヒロ子

明石書店

はじめに

　コンビニエンスストアでレジを打つ外国人の若者。学校のクラスで友人とふざけ合う外国に
ルーツをもつ生徒。スポーツ界で日本代表として活躍する「ハーフ」アスリートたち。そんな風
景を地域や学校で、あるいはメディアを通じて目にすることが増えている。日本に暮らす外国人
は 280 万人を超え、日本の総人口の 2.0％を突破した。多様な言語、文化、国籍をもった人々、す
なわち「外国人」「外国につながる人びと」が、生産者および消費者として日本の経済を担い、税
金を納めて行政サービスを支え、それを享受し、家族を形成して日本に暮らしている。

　本書は、日本社会の急速な多文化化の状況を受けて、学習者一人一人が社会の担い手としてこ
れからの日本の多文化共生を模索し、新たな社会の構築に関与できるようになるための学習活動
を提案するものである。本書でいう多文化共生とは、多様な文化が単に同じ社会に共存する状態
を指すのではなく、多様性を前提とした社会的包摂をめざすことを意味している。社会的包摂と
は、その社会に属するすべての人々が生活するために必要な、最低限の経済的、政治的、社会的、
文化的諸権利が充足されない状態を解消し、それらすべての人々を社会の構成員として組み込む
ことである。

　「日本社会に属する人々」の範囲をどのように捉え、社会的包摂の実現のために誰の声を聞き、
社会の何を変えればよいのだろうか。正解はない。あるのは、これからの日本社会の担い手であ
る学習者が、どう考えるかだけである。

　本書の特徴、新しさは下記の 8 点にある。
1. 日本社会の多文化共生に向けたシティズンシップ教育の実践を提案していること。
2. あえて葛藤を生じさせるような議論の分かれる 7 つの場面・テーマ設定を用い、個人の「思
   いやり」だけでは解決しない、立法や制度の確立といった公的な解決や、合意形成のあり方
   の見直しを迫る学習を提案していること。
3. 学習者が実際の社会的課題に関わる議論に参加し、新しい制度や社会の枠組みについて自由
   に考えるため、アクティブ・ラーニングの手法を用いる実践を紹介していること。
4. 「社会は変えていけるかもしれない」という展望と自己効力感、社会を担う主権者としての自
   覚を培うことをねらいとしていること。
5. これらを実践する学校や教室には、多様な文化的背景や国籍をもつ生徒がいることを念頭に
   おき、彼らもまた社会の担い手として位置づけ、彼らにとってエンパワメントとなることを
   も大切にしていること。
6. 実態として日本社会の構成員となっている定住外国人と日本人のシティズンシップの現状を
   学びつつ、「私たちの社会」という時の「私たち」とは誰か、「主権者」とは誰かを問う学習

であること。

7. 実践で用いるワークシートやパワーポイントスライドなどをダウンロードできるようにし、学校の事情や状況の変化に合わせてこれらを編集、加工することができること。一部の実践では、学習者が興味をもって学習に取り組むための動画が用意されていること。

8. 新しい学習指導要領および高校で導入される新教科「公共」を見据え、そのねらいに合致した学習活動を提案していること。

　本書の学習活動が行われる場面として想定しているのは、主に高校の授業であるが、場合によっては中学校や大学、あるいは社会人を対象とした市民学習の場面においても使用可能である。

　そして本書が主に焦点を当てるのは、人種、民族、国籍を異にする人々の共生についてであるが、他にも年齢、性別、性的志向、障害の有無、得意とすることなどによって、実態として「その社会に属する人々」とみなされにくい人々、周縁におかれる人々はいるかもしれない。実践の中でそのような議論にまで広げることができれば、学習者は自分自身もまた多様性の網の目の中にいることに気づき、多文化共生や人権を一層「自分ごと」として考えられるのではないだろうか。

　日本社会に暮らす人々に抑圧的に働く社会構造への批判的視点を維持しながら、問題をすべて学習者個人の心がけや内面の問題に還元してしまわずに、多くの人が多文化共生社会の構築にコミットしていくには、どのような教育が必要だろうか。私たちにとっても本書の刊行は極めてチャレンジングな試みであったが、これをきっかけに多文化共生のためのシティズンシップ教育を試みようとする実践者がさらに増え、議論が活発化することを願っている。多文化共生という言葉を単なる平面的なことばで終わらせず、葛藤を抱えつつもしっかりと現実の生活の中に立ち上げるために、本書がその足がかりの一つとなれば幸いである。

多文化共生のための市民性教育研究会　代表

野崎 志帆

4

目　次

はじめに　　　　　　　　　　　　　　　　　　　　　　　　　　　　　　　　　　3

第1部　イントロダクション

１.多文化共生のためのシティズンシップ教育とは　　　　　　　　　　　　　　8

２.この教材を利用する教師に求めたいこと　　　　　　　　　　　　　　　　14

３.パフォーマンス評価とルーブリック　　　　　　　　　　　　　　　　　　17

　　多文化共生のためのシティズンシップ教育 ルーブリック　　　　　　　　20

４.この教材の使い方　　　　　　　　　　　　　　　　　　　　　　　　　　24

授業で用いる資料・ワークシート・パワーポイントのダウンロード方法　　　26

第2部　共通レクチャー　人の移動と文化・社会の多様性

１）「日本人」って誰？　　　　　　　　　　　　　　　　　　　　　　　　28

２）グローバル化時代の日本と多様性　　　　　　　　　　　　　　　　　　29

３）日本の移民・難民受け入れのこれまでとこれから　　　　　　　　　　　34

４）おわりに　　　　　　　　　　　　　　　　　　　　　　　　　　　　　37

〔コラム①〕どうやって国籍は決まるのか　　　　　　　　　　　　　　　　39

〔コラム②〕難民の定義と受け入れ　　　　　　　　　　　　　　　　　　　40

第3部　テーマ別アクティブ・ラーニング

１.多文化共生を考える7つのテーマ

　　──多様性を前提とした社会的包摂とは？「私たち」とは？　　　　　　42

① ホームルームで考えよう：異文化尊重と公平　　　　　　　　　　　　44

〔コラム③〕自文化中心主義とは何か　　　　　　　　　　　　　　　　　　53

〔コラム④〕文化相対主義とは何か　　　　　　　　　　　　　　　　　　　54

② 学校で考えよう：合理的配慮と平等　　　　　　　　　　　　　　　　55

〔コラム⑤〕日本の教育行政はどう応じているか　　　　　　　　　　　　　71

〔コラム⑥〕子どもの支援事例〜とよなか国際交流協会〜　　　　　　　　　72

③ 部屋探しで考えよう：ステレオタイプと偏見　　　　　　　　　　　　73

〔コラム⑦〕神戸定住外国人支援センター（KFC）　　　　　　　　　　　　83

〔コラム⑧〕来日外国人による犯罪は増えているのか　　　　　　　　　　　84

〔コラム⑨〕メディア・リテラシーの必要性と現代的課題　　　85

④ 職場で考えよう：人権と経済効率　　　86

　〔コラム⑩〕すべての外国人とその家族の人権を守る関西ネットワーク RINK　　　94

　〔コラム⑪〕技能実習生の受け入れで先進的な企業　　　100

　〔コラム⑫〕来日外国人はどのように働いているのか　　　101

　〔コラム⑬〕多文化市民メディア DiVE.tv　　　102

⑤ 病院で考えよう：社会権とコスト　　　103

　〔コラム⑭〕多言語センター FACIL　　　111

⑥ 避難所で考えよう：合意形成と多数決　　　112

　〔コラム⑮〕民主主義と多数決　　　130

　〔コラム⑯〕どうして食べないの？災害時でも食べてはいけないの？　　　131

⑦ ルーツから考えよう：アイデンティティと政治参加　　　132

　〔コラム⑰〕在日コリアン4世のアイデンティティ　　　159

　〔コラム⑱〕外国人の政治参加の方法　　　160

　〔コラム⑲〕諸外国の外国人参政権　　　161

　〔コラム⑳〕「外国人市民」の意見を市政に反映 ──川崎市のとり組み　　　162

２．もっと知りたい人のための探求学習に向けて　　　163

おわりに　　　166

第１部
イントロダクション

Ⅰ.多文化共生のためのシティズンシップ教育とは

1 日本のシティズンシップ教育を取り巻く状況

　日本社会は今、急激な少子高齢化が進み生産年齢人口は減少し続けている。また、グローバル化と絶え間ない技術革新の波にさらされ、社会構造や雇用環境が大きく急速に変化している。そのような予測困難な時代にふさわしい教育とは何かという議論を受けて、文部科学省は 2018 年に高校の新しい学習指導要領を示した。そこでは、学校教育は「子供たちが様々な変化に積極的に向き合い、他者と協働して課題を解決していくことや、様々な情報を見極め、知識の概念的な理解を実現し、情報を再構成するなどして新たな価値につなげていくこと、複雑な状況変化の中で目的を再構築することができるようにすること」（文科省　2018:1）が期待されている。さらに、そこで求められる資質・能力とは何かを社会と共有し連携する「社会に開かれた教育課程」（文科省　2018:1）を重視している。

　なかでも、高校における「政治的教養のための教育」を担ってきた公民科は科目構成が改訂され、必履修科目として「公共」が新設される。新しい公民科の目標は、「社会的な見方・考え方を働かせ、現代の諸課題を追究したり解決したりする活動を通して、広い視野に立ちグローバル化する国際社会に主体的に生きる平和で民主的な国家及び社会の有為な形成者に必要な公民としての資質・能力を育成すること」（文科省　2018：21）である。

　一方、1990 年代以降、様々な国や国際機関において、社会の構成員が権利や義務を行使し社会参画していく力を「シティズンシップ（市民性）／citizenship」と称し、このような力を育てる「シティズンシップ教育（市民性教育）／ citizenship education」が議論されてきた。国家のみが人々に権利を保障しシティズンシップの発揮を要請する単位だった時代は、「市民＝国民」「市民性教育＝国民教育」であった。しかし欧米諸国を中心に活発にシティズンシップやシティズンシップ教育の再検討が行われ、カリキュラムへの導入や提言がされるようになった。その共通の背景として、（1）グローバル化を背景に国家の多民族化、ナショナル・アイデンティティの多様化によって「市民」概念が揺らいできたこと、（2）個人の私的自由の拡大と政治的無関心によって公共性が解体されてしまうことへの危機感が高まったこと、

（3）冷戦が終結し、環境、貧困、人権、紛争、テロなど、国家を超える国際的な問題が顕著になったことにより、ローカル、ナショナル、グローバルなレベルで、民主主義を支え行動する市民の育成への期待が高まったことなどが挙げられる。シティズンシップ教育は、社会の変化に対応した「望ましいシティズンシップ」を形成する手段として注目されているのである（岸田・渋谷　2007）。

　日本でも 2006 年に経済産業省が「多様な価値観や文化で構成される社会において、個人が自己を守り、自己実現を図るとともに、よりよい社会の実現に寄与するという目的のために、社会の意思決定や運営の過程において、個人としての権利と義務を行使し、多様な関係者と積極的（アクティブに）関わろうとする資質」（経済産業省 2006:20）をシティズンシップとし、シティズンシップ教育の必要性に言及している。

　また 2015 年 6 月に公職選挙法が改正され、選挙での投票年齢が 18 歳以上に引き下げられた際には、従来の公民科が担ってきた「政治的教養のための教育」のあり方が議論され、「主権者教育」がにわかに脚光を浴びた。そのような中、新教科「公共」を含む公民科がシティズンシップ教育として役割を果たすことも期待されている。

2　日本のグローバル化と多文化共生

　各国でシティズンシップやシティズンシップ教育の再考を迫る背景の一つである「国家の多民族化の状況」についても、日本は例外とは言えなくなっている。

　法務省入国管理局によると、一時滞在の訪日観光客などは除き、何らかの在留資格を得て中長期に渡り日本に滞在している外国人および特別永住者の数を合わせた「在留外国人数」は、2019 年 6 月末現在で 280 万人を超え、前年末に比べ 10 万人近く増加している。ここ数年は過去最高を更新し続け、すでに総人口の 2.0% を超えており、在留外国人の出身国・地域は 195 におよぶ。世界主要国の外国人移住者数（流入者数）のランクにおいて、日本はすでに上位に位置する国となっている（GLOBAL NOTE）。

　このような急激な増加の背景には、少子高齢化による労働力不足を補う外国人労働者の増加がある。この 10 年で 3 倍となった外国人労働者は 2019年 10 月末現在約 166 万人となり、事実上日本の産業を支えている現実がある。すでに 2000 年の国連のレポートでは、日本の現在の労働人口を維持するには今後 50 年間にわたり年間およそ 60 万人の外国人労働者を受け入れる必要があることが指摘されていた。にもかかわらず、解消されない深刻な

人手不足を受けて、日本政府は移民統合政策をきちんと整えることのないまま、2019年4月に外国人労働者受け入れを単純労働の分野にまで拡げる方向に大きく舵を切った。

　欧米諸国に比べれば外国人の人口割合はまだまだ低いとはいえ、日本社会も今や多様な言語、文化、国籍をもった人々、すなわち「外国人」「外国につながる人びと」によっても構成されていることがわかる。そして、彼らもまた日本人と同様に、確実に人口減少していくこの社会で、生産者および消費者として日本の経済を担い、税金を納めて行政サービスを支え、それを享受し、場合によっては家族を形成して地域の生活者として暮らす人びとなのである。つまり、彼らの多くは、実態としてはすでに日本社会の構成員となっているのである。このような状況を考えると、「日本のグローバル化」とは単に海外に進出する日本企業や国際競争に晒される日本といった側面だけでなく、日本社会自体の多文化化ということを当然含んで捉えられる必要がある。

　したがって、今求められている教育とは、将来の日本のグローバル化に備えるための教育というよりも、すでに日本はグローバル化していることを前提としながら、持続可能な社会を実現するために、日本社会における多様性を前提とした社会的包摂を考える教育である。社会的包摂とは、その社会に属するすべての個人や集団が、生活するために必要な最低限の経済的、政治的、社会的、文化的諸権利が充足されない状態を解消し、すべての人々を社会の構成員として組み込むことである（神原　2018）。社会的包摂は、移民の社会統合の必須条件と言える。

　「多文化共生」という言葉は概ね、日本に定住外国人が増加するなかで「多様性を尊重しながら共存する」ことを表す言葉として用いられてきた。それまでは「同じであること」を良しとし、文化の多様性を抑圧してきた日本社会にとって、「違いを認める」こと自体が重要な変化であった。そのため、多文化共生はそれだけで善のイメージがあり、便利なスローガンとして用いられてきたところがある。一方でこの言葉は、他の多くの移民受け入れ国では重要テーマとなってきた、社会統合という文脈では必ずしも用いられてこなかった。社会統合という言葉は、かつてのような「＝文化的同化」（文化の多様性の抑圧）を彷彿とさせるため、多文化共生という言葉を、その文脈で使うことに警戒感が働いたからかもしれない。しかし社会統合を考えることは、マイノリティがその社会の中で対等な構成員として主流の制度に平等に参加できるようになることを考えることでもある。

3　多文化共生とシティズンシップ

　　同じ社会の構成員に対して、どのような多様性を尊重しどのような共通性
を求めるのかは、それほど単純でも容易に答えが出るものでもない。両者は
常にせめぎ合う。多文化共生とは、それを具体的なコンテクストに下ろした
途端に、誰もが無条件で賛同できるほど口当たりのよいものではない。抽象
的な理念や情感だけで多文化共生が語られるとすれば、実際の社会では役に
立たないだけでなく、それはかえって人から考える力を押しのけ、社会を多
文化共生からほど遠いものにしてしまうかもしれない。

　　しかし日本にとって、多文化共生はもはや抽象的なイメージなどではな
く、待ったなしの"今ここの課題"である。そしてグローバル化と国境を越
えた人の移動により、実態として多様化する構成員に対するさまざまな市民
的権利の保障をめぐって、「シティズンシップ」は揺らいでいる。

　　シティズンシップ教育の研究者であるオスラーとスターキー（訳書　2009）
は、シティズンシップには（1）身分／地位としてのシティズンシップ（国
民国家から国民に与えられる法的地位、権利、義務）、（2）感覚としてのシティ
ズンシップ（コミュニティへの所属の意識）、（3）実践としてのシティズン
シップ（民主主義や人権に関する実践）の三つの次元があるとしている。

　　すでに多くの定住外国人を受け入れながら、いまだに彼らを「移民」と呼
ばない日本政府は、そもそも外国籍者の市民権を想定していないように見え
るが、現状政府の方針がそれを想定していないからといって、日本に実際に
定住する外国人をまるでいないかのように扱ったり、市民権がないかのよう
に扱うわけにはいかない。国籍問わず多様な背景をもつ人々が地域社会で生
活者としてともに暮らし、コミュニティへの一定の愛着をもちながらすでに
日本の構成メンバーとなっている実態を考えたとき、シティズンシップを
「身分／地位としてのシティズンシップ」という観点だけで捉えるのは不十
分である。シティズンシップを「感覚としてのシティズンシップ」や「実践
としてのシティズンシップ」といった観点からもとらえて、これからの日本
社会の多文化共生を考えていく必要がある。

　　このような考えから、多文化共生のためのシティズンシップ教育では、シ
ティズンシップの現状を学びつつも、「私たちの社会」と言う時の「私たち」
とは誰か、「主権者」とは誰かをも問われなければならないだろう。

4　多文化な生徒のいる教室でともに考える「日本の多文化共生」

　第3部で扱う「②学校で考えよう：合理的配慮と平等」の中でも言及するが、日本社会の多文化化は、日本の学校の教室を急速に多文化化させている。もちろん、それまで学校の教室には日本国籍の生徒しかいなかった訳では無く、長年一定数の在日コリアン生徒が在籍してきた。

　現在の教育基本法では、教育の目的は「国民の育成」にあるとされ、公教育は事実上「日本人のための教育」とされている。しかし実際の教育現場にとって、そのような対応は決して自然とは言えない。2015年6月に公職選挙法が改正され、選挙での投票年齢が18歳以上に引き下げられた際、総務省と文部科学省が作成した副教材を通じて「有権者のための教育」「選挙教育」が進められたが、教育現場からは「選挙権のない外国籍生徒にどのように配慮すればいいのか」という戸惑いが見られた。

　「わたしたち日本人は…」という表現は、そこに「日本人」しかいないと確認したわけでもないのに、公的な場で極めて頻繁に用いられる。その表現が学校で発せられる時、「日本人」と自認する生徒には同質性に基づく連帯感のようなものを喚起するかもしれない。しかし一方でその言葉は、「日本人」と自認していない生徒には「排除」を突きつける。もちろん、いまも彼らのような背景をもつ人びとに対する差別や抑圧が存在する日本社会においては、教室にいる外国にルーツをもつ生徒を顕在化することは繊細な問題を含んでおり、本人や保護者の意思を尊重することや、一定の配慮が必要なのは確かである。しかし少なくとも教師の側が、暗に「日本人と自認する生徒にのみ」教育を行い、そうでない生徒を「この社会にいるはずのない存在」であるかのように扱うことは、決してあってはならないことだろう。

　そこで、多文化共生のためのシティズンシップ教育では、それが学ばれる学校や教室に多様な文化的背景や国籍を持つ生徒がいることを念頭におく必要がある。そして、マジョリティ（日本人）にマイノリティ（外国にルーツをもつ人）理解を促す学習に留まらず、外国にルーツをもつ生徒もこの社会を形成する担い手として位置づけ、その学習活動が彼らにとってもエンパワメントとなるものでなくてはいけないだろう。日本国籍の生徒も、日本に生活実態があり将来も日本で暮らす可能性の高い外国籍生徒も、次代の日本を担う市民である。そのような彼らにとって、日本における現状としての自身のシティズンシップ（市民権）について知り、日本社会、地域社会の公共性をつくる担い手としての知識、スキル、態度をもつことは極めて重要なことである。また、日本でともに生きていくことになる彼ら自身が、互いのシティ

ズンシップの現状から出発し、これからの日本社会の多文化共生のあり方を議論していくことが期待される。

5　新しい社会の枠組みの模索が「主権者」を育てる

　一方、このような学習活動はやや複雑でセンシティブな問題をはらむために、教育現場では敬遠されてしまうかもしれない。社会構造そのものへの検討を行わないまま、問題を個人間の人間関係の問題へと矮小化し、学習者の思いやりに解決を求める道徳的な学習の方が無難だと感じるかもしれない。しかし、複雑な現代社会だからこそ、私たちをとりまいている実際の社会の課題を前に、右往左往しながらでも多様な意見を聞いて議論し、知性によって丹念に考察し、具体的な解決の見通しにつなげていくようなスキルが求められている。

　そのためには、あえて議論の分かれるような多文化共生にまつわるテーマ設定を示し、個人の心がけだけでは解決しない、立法や制度の確立、改革といった公的な解決について検討することを促す教育が必要である。その際、すでにある制度や規範の遵守といった「守る公共性」だけでなく、社会の変化に応じた新しい枠組みの構築を模索する「つくる公共性」（水山　2008：164）の視点が重要となる。

　実際の社会における個別課題について、議論に参加して意見を述べ、新しい制度や社会について自由に考え提案する学習活動は、学習者に葛藤を与えるかもしれない。しかし、そのような学習は「社会は変えていけるかもしれない」という展望と社会を担う主権者としての自覚も与えるはずである。

（野崎　志帆）

【参考文献】　神原文子（2018）「家族孤立・解体・貧困」日本教育社会学会編『教育社会学事典』丸善出版、318-319 頁
経済産業省（2006）『シティズンシップ教育と経済社会での人々の活躍についての研究会　報告書』
岸田由美・渋谷恵（2007）「第 1 部　今なぜシティズンシップ教育か」嶺井明子編『世界のシティズンシップ教育～グローバル時代の国民／市民形成』東信堂、3-15 頁
水山光春（2008）「第 3 章　シティズンシップ教育─『公共性』と『民主主義』を育てる─」杉本厚夫・高乗秀明・水山光春著『教育の 3C 時代』世界思想社、155-227 頁
文部科学省（2018）『高等学校学習指導要領（平成 30 年告示）解説』
野崎志帆（2011）「第 9 章『国際理解』教育から市民性教育へ─人権教育の果たす役割─」平沢安政編著『人権教育と市民力─「生きる力」をデザインする─』解放出版社、151-171 頁
オスラーとスターキー、清田夏代・関芽訳（2009）『シティズンシップと教育─変容する世界と市民性─』勁草書房
「GLOBAL NOTE」https://www.globalnote.jp/post-13886.html（2019 年 11 月 24 日閲覧）

2.この教材を利用する教師に求めたいこと

　多文化共生社会とは何か、明確な答えがあるわけではない。正解がない問いを生徒に投げかけることに、不安に思う教師もきっといるだろう。しかし、それは正しいことを"教えなければならない"と考える教師にとって自然な反応だ。シティズンシップ教育では、生徒が現代社会の課題に関する正確な知識を理解することも大事であるが、異なる考えをもつ人の意見を交えながら相互理解を深め、社会に参加することを重視している。そのため、教師は生徒の議論を促進する「ファシリテーター」になってもらいたい。生徒がそれぞれどのような立場で議論しているのかを教師は見分け、そこにはない観点から問いを投げかけ、その議論を深めてほしい。

1　教師全員でシティズンシップ教育に取り組む

　本書の教材は、特定の教科にのみ活用されるのではなく、すべての教師が生徒とともに議論し、生徒なりに合意できる答えに導くものである。政治的教養に関する問題や社会課題は社会科（高校では公民科）の教員が担うべきだという認識が学校現場にあり、実際にそうなっていることが多い。確かに、公民科の授業では人権をはじめ政治に関する分野を多く扱う。とはいえ、公民科教員のみが、シティズンシップ教育を教える資格があるのかといえば、もちろんそうではない。各教科で実社会との接点を考え日々の授業を工夫しているし、そういった授業を通して生徒の目を社会に向けさせるように多くの教師は努力している。特に本書で扱う多文化共生社会実現に向けた授業は、未来の社会を形成していくであろう生徒に、教師全員が取り組む必要がある。

2　生徒を「ひとくくり」にしない

　教室にいる生徒たちは、日本語を話し、日本の礼儀を知り、日本の文化をある程度理解し、似たような考えを持つ同質な集団だろうか。そうではないことを教師はよく知っている。その一方で、「みんな違って、みんないい」では済ませられないことも理解している。だから、教師は「みんな違って、どうしよう」と生徒指導について日々頭を悩ませているのだ。特に外国に

ルーツを持つ生徒がいるクラスを担任したことがある教師は、その生徒について家庭状況だけでなく、文化的背景に関しても理解しようと努力したことだろう。その一方で、周りの教師の配慮や学校全体の取り組みはどうだろうか。

　宗教や文化などにより生徒の行動様式が異なるため、外国人をひとくくりにしてはいけない。外国人生徒が多数いる学校では、個々の生徒理解にもとづく取り組みが必要になるが、これはそれほど難しいことではない。外国人生徒に限らず、すべての生徒に個性があり、それらを尊重しながら教育活動をおこなうことは、教師にとって至極当然のことだからである。

3　教師がおさえておくべきこと

　本書で扱う内容は、どれも人権にかかわるものである。本書で紹介する授業を実践する場合、教師の発言には一定の配慮が必要である。日本人や外国人をひとくくりにしないよう注意することは先述したが、これに付け加えて、教師自身や生徒がどのような立場で発言しているのかを見分けることも大切である。多数派が多数派のことを語る、多数派が少数派のことを語る、少数派が少数派のことを語る、少数派が多数派のことを語る、どの立場なのか。特に、教師自身のこれまでの経験をもとに発言をすることは日常的にあるだろうが、そのことをあえて相対化し、客観的に自身を見つめなおす作業も必要である。さもなければ、多数派による「郷に入っては郷に従え」という本書の教材の意図からすると本末転倒な議論に同調し、教室にいる少数派の立場にいるかもしれない生徒を苦しめることになりかねない。政治的中立を保つことに配慮は必要であることは言うまでもないが、教師自身の発言の影響力は少なくないと自覚するべきだ。このことは、目前の生徒の人権にかかわる場合があり、極めて注意すべきことである。

4　当事者の観点

　本書で扱う教材は知識を覚えるためのものではなく、現代社会で起きる外国人にかかわる問題について、合意形成の過程を学習しながら課題解決に向かう姿勢を養うものである。したがって、社会課題に対してだれが、どのような立場で、何をするのが望ましいかを教師は生徒と一緒になって議論を深めてほしい。さらに、異なる立場の人が身近にいないとしても、どうすればお互いに理解し、合意を目指せるのかについて生徒を導いてもらいたい。

　一方で、本書で扱う内容は、学校によっては当事者がいたり、実際に問題

になった事例があったりして、実際に授業で扱うには神経を使うものもあるかもしれない。しかし、このような悩みを持つ教師こそ、本書の教材を活用してみてはどうか。そもそもその悩みを「なかったことにする」ことは、大げさな言い方だが、目の前にいる生徒の社会的排除に教師が加担してしまうことになる。そうではなく、本書の教材を使った授業で、当事者や他の生徒の素朴な意見や疑問が、相互理解の手がかりとなるかもしれない。あるいは、生徒同士の議論を通じて、生徒自身で課題を解決することもあるかもしれない。生徒が抱える課題に授業という教師本来の仕事において取り組むことのメッセージは、当事者にもきっと届くだろう。　　　　　　　　　　（窪田　勉）

3. パフォーマンス評価とルーブリック

1　ルーブリックとは何か？　なぜ用いられるのか？

　外国にルーツのある人々が置かれている状況や課題について、知識として知っており、知識を用いて他者に説明することができても不十分である。その知識や情報が現代社会において意味するところを分かっていなければ、不十分な理解だと言える。また、当事者が被っている辛苦に想像力を働かせた時、多文化共生社会を創造していく実践と学習が結びつかなければ、学んだことの意義があったのかと問われることになる。

　それでは、学習したことを現実生活の文脈の中で活用する能力／態度の形成はどのように把握／評価すれば良いのだろうか。こうした問いを抱いた際に用いられる評価手法が「パフォーマンス評価」である。パフォーマンス評価は「一定の意味ある文脈（課題や場面など）の中で、さまざまな知識やスキルを総合的に活用する能力を質的に評価する方法」（松下　2016：14）と定義されている。具体的には、現実生活の問題や状況とつながった「真正性」のあるパフォーマンス課題（例えば、問題の分析や解決に係るレポート等の執筆や口頭発表、問題解決プロジェクトの立案やその実行など）に取り組み（ハート　2012：148）、そのプロセスと出来栄えを把握することで、実社会での活用能力を評価することとなる。

　このパフォーマンス評価を行う際に用いられる評価基準が「ルーブリック」である。ルーブリックは評価の観点と尺度の二次元表で描かれ、そして、表内の各枠に対応するパフォーマンスの特徴を示した記述語が示されることとなる。つまり、パフォーマンス評価とは、学習によって習得した能力をパフォーマンス課題によって可視化させ、ルーブリックを用いてその解釈を行う過程であるとまとめられる（松下　2012：10-11）。

2　ルーブリックをどう機能させるか？

　改めて言うまでもないが、学習者がどのような状態にあり、そして、教育者が望む事柄についてどの程度まで学習到達しているのかを測る「評価」と、成績付けを行う「評定」は異なる。評価といえば、単元等の終了時に到

達度を測る総括的評価が真っ先にイメージされるだろうが、開始前の状態を捉える診断的評価や、過程における変化を捉える形成的評価もある。また、評価は教員が行うものとしてイメージされるだろうが、学習者自身による自己評価や学習者同士で行われる相互評価もある。こうした評価のタイミングと主体を工夫することで、ルーブリックの活用の幅も広がってくる。多面的な評価から評定への結びつけについては、ハート（2012：91-106）が参考になるだろう。

　成熟した理解に至った学習者は、学習したことについて「（1）説明すること、（2）解釈すること、（3）応用すること、（4）パースペクティブを持つこと、（5）共感すること、（6）自己認識を持つこと」ができるとされている（ウィギンズ・マクタイ　2012：101-102）。この理解の6側面の習熟度を学習者と教育者が把握して、「次」に取り組むべき学習や活動を見出していくために、評価という営みを機能させることが教育者には求められている。ルーブリックを用いたパフォーマンス評価の導入は、その一助となるだろう。

3　ルーブリックをどのように用いるのか？

　本研究会では、多文化共生社会の実現に資するシティズンシップ教育を構想していく場合、どのようなルーブリックを整える必要があるのかを検討した上で、教材開発を行うこととした。その検討結果を「多文化共生のためのシティズンシップ教育 ルーブリック」として20頁以降に示している。このルーブリックの全項目を本書の教材のみで網羅することはなされていないが、各教材の「評価の観点」設定では参照されている。

　特に評価の観点の内、「思考力・判断力・表現力など」と「学びに向かう力、人間性など」は本書のルーブリックから選び出されているので、授業実施時にはそのまま活用することもできるようにしている。「知識・技能」の評価の観点については、個別性も高いことから教材ごとに異なるものとなっているが、本書ルーブリックの「知識・技能」を踏まえて設定されている。現場で活用されるにあたっては当然のことながら学びの場を共にする学習者の理解度に合うように評価尺度をそれぞれで設計してほしい。この際、パフォーマンスの特徴を示す記述語の主語は学習者にすることが求められる。なお、記述語を書き進めていくにあたっては、最も学習到達度の高い「High」を最初に、次に「Beginner」を、最後に「Middle」を書くと円滑にまとめられるので、参考にされたい。

（川中　大輔）

【参考文献】　グラント・ウィギンズ、ジェイ・マクタイ、西岡加名恵訳（2012）『理解をもたらすカ
　　　　　　　リキュラム設計―「逆向き設計」の理論と方法―』日本標準
　　　　　　　ダイアン・ハート、田中耕治監訳（2012）『パフォーマンス評価入門―「真正の評価」論
　　　　　　　からの提案―』ミネルヴァ書房
　　　　　　　松下佳代（2012）『パフォーマンス評価』日本標準
　　　　　　　松下佳代（2016）「アクティブラーニングをどう評価するか」松下佳代・石井英真編
　　　　　　　『アクティブラーニングの評価』東信堂、3-25 頁

多文化共生のためのシティズンシップ教育 ルーブリック

観点（大項目）	中項目		評価の視点
知識・技能 （何を理解しているか、何ができるか）	先入観に囚われた物事の認識の問題点を理解する。	自己省察	自らのアイデンティティを構築する属性と、そのことによる認識への影響を理解する。
		自民族・自文化中心主義	自民族・自文化中心主義の概念と、その問題点について理解する。
		ステレオタイプ・偏見・差別	ステレオタイプ・偏見・差別の概念と、その問題点について理解する。
		メディアと情報	メディアによる情報の性質や影響力を理解する。
	人の移動／文化の多様性／社会の多様性を理解する。	グローバル化	グローバル化と人の移動の構造を理解している。
		文化の交流と変容	現在の日本や諸外国の社会・文化が異なる文化の交流と接触によって形成されてきたことを理解する。
		エスニシティ	日本のエスニシティ構成について歴史的な経緯を理解する。
		移民・難民政策	戦後日本の移民／難民政策の特徴を理解する。
		外国人の就労	外国人の就労実態を理解する。
	「多様性」を前提とした社会的包摂を理解する。	人権と民主主義	国際社会、国家、地方、地域コミュニティ、学校、学級など様々な公共的な空間における基本原理としての人権、民主主義、法の支配、自由・権利と責任・義務、相互承認などを理解する。
		公共性と主権者	公共性を動的に理解し、これらを担うためには多様な人々による合意形成が重要であることを理解する。
		政治参加	日本社会を構成する多様な背景をもつすべての人々が、政治的主体として公共性に参加するルートとその限界について理解する。

High	Middle	Beginner
□自らの複数の属性のうち、最も自分の「ものの見方」に影響を与えているものが何で、それがどのようなステレオタイプを形作ってきたのかを説明できる。	□自らの属性の内、自分の「ものの見方」への影響の一部を表現することができる。	□自らの属性を並べて表現することができる。
□自民族・自文化中心主義とはどういうものか、具体例を挙げてその問題点を説明することができる。	□自民族・自文化中心主義とはどういうものか、具体例を挙げて説明することができる。	□「自民族・自文化中心主義」の定義を説明することができる。
□「ステレオタイプ」は誰もが陥る認識のパターンであると同時に、それがどういう問題を孕んでいるかを具体例を挙げて説明できる。	□「ステレオタイプ」の一般的な定義を説明し、その具体例を挙げることができる。	□「ステレオタイプ」の定義を説明することができる。
□「偏見」の一般的な定義を説明し、具体例をあげて問題点がどこにあるのかを説明することができる。	□「偏見」の一般的な定義を説明し、その具体例を挙げることができる。	□「偏見」の定義を説明することができる。
□「差別」と「区別」の違いを説明するとともに、差別の具体例を挙げて問題点がどこにあるのかを説明することができる。	□「差別」と「区別」の違いを説明することができる。	□「差別」の定義を説明することができる。
□公的機関、マスメディア、インターネットなど、各種メディアが人々の現状認識にどのような影響を与えているのかを説明することができる。	□自分が日常的に接触しないメディアを具体的に挙げて、それぞれの特質を説明することができる。	□接触しているメディアによる情報から自分がどのような影響を受けているかを理解している。
□グローバル化のなかの人の移動（移民、難民、短期労働、観光など）が、過去の植民地支配や産業発展と関連しながら、非対称な構造をもっていることを理解できている。	□グローバル化のなかで、日本の国境をこえる人の移動について規模や国別割合について大まかに説明できる。	□グローバル化の中で人の移動が活発化していることを説明することができる。
□明治維新以降の日本が西欧で生まれた科学技術を先進的とみなして積極的に取り入れ、それ以外の地域で発展した文明・文化を遅れたものとみなした歴史を理解し、反省的に捉えることができる。	□現代日本の生活文化が、諸外国との交流と諸文化の接合によって生まれ、発展を遂げてきたことを理解している。	□日本を含む世界の文明・文化が諸民族の交流と接触によって発展してきたことを理解している。
□現代の日本のエスニシティ構成を歴史的文脈を添えて説明できる。	□現代の日本のエスニシティ構成を大まかな概略を示して説明できる。	□多様な民族的ルーツをもつ人々が日本国内に暮らしていることを理解できている。
□「単一民族国家」観により、多様な移民／難民の「統合」という観点が存在しないことの問題を説明できる。	□移民／難民の受け入れについて、戦後の「単一民族国家」観の影響の下で展開された諸政策を説明できる。（旧植民地出身者の国籍剝奪、同化政策、日系労働者の受け入れ、インドシナ難民受け入れの拒否、少ない難民認定など）	□日本の移民の送りだしと受け入れの過去と現状について具体例を挙げて説明できる。 □日本に難民やその子孫が暮らしていることを理解している。
□外国人労働者の問題について、企業の要請と外国人の人権を考慮した上で、自分の意見を言うことができる。	□日本の企業・政府が、1980年代以降に外国人労働者（日系、研修生、専門的）を求めてきた社会状況を説明できる。	□現在既に様々な産業で外国人が就労していることを理解している。
□人権と民主主義の諸原理に触れつつ、その重要性を他者に説明できる。	□人権と民主主義の説明にあたって、支えている諸原理についても述べることができる。	□人権と民主主義の定義を説明することができる。
□公共性は人々の参加を通じて構築されていくものであることを踏まえて、対話による合意形成の方法を提示できる。	□公共性は人々の参加を通じて構築されていくものであるという観点から、多数決での同意調達の問題点を説明できる。	□公共性は人々の参加を通じて構築されていくものであることを説明できる。
□制度化されているものだけではない多様な政治参加の方法について、その特質と課題を説明できる。	□制度化されている政治参加の方法について、その特質と課題を説明でき、日本社会の現状との間で起こっている問題点を示せる。	□制度化されている政治参加の方法について、その特質を説明できる。

観点（大項目）	中項目		評価の視点
思考力・判断力・表現力など （理解していること、できることをどう使うか）	学習の前提となる基礎力	メディアリテラシー	メディアが発する情報の恣意性を理解し、その発信者、目的、内容、背景を意識しながら、情報を読み取ることができる。
	文化の多様性を尊重して問題を認識する。	文化相対主義	文化相対主義的なものの見方ができる。
	「多様性」を前提とした社会的包摂を構想する。	マイノリティの視点獲得	マイノリティの立場に立ったものの見方を提示できるようになる。
		マイノリティへの合理的配慮	異なる文化背景を持つ人々が共存し、相互交流する社会を築くための方策を考え、自分にできることを提案するようになる。
			偏見や差別について多角的な視点をもって課題を分析・判断し、社会の仕組みを改善する方策を考えられる。
学びに向かう力、人間性など （どのように社会や世界と関わり、よりよい人生を送るか）	民主的な意思決定を行う。	自己主張	自らに意見表明権が保障されていることを理解し、自分の考えや感情を表現できる。
		傾聴	他者の意見表明権が保障されているかを気遣い、他者の伝えようとしていることを理解できるようになる。
		合意形成	異なる意見によって生じる対立点を整理し、合意できる案を提案できるようになる。
	他者と共に社会創造に関与する。	社会参画	社会問題の解決や現状の改善に向けて、積極的に社会に参画するようになる。
		他者との協働	問題解決に向けて、他者と協働して意欲的に構想するようになる。

High	Middle	Beginner
□発信者の立場や目的、背景への理解の上で、その情報の偏りや嘘、操作（故意的隠蔽や誇張）の可能性を根拠を示して説明できる。	□情報の発信者によるそれぞれの力点の置き方や立場の違いを説明することができる。	□情報はメディアによって恣意的に編集されていることを踏まえて、単純に鵜呑みにしていない。
□文化相対主義的なものの見方で、自文化や異文化を捉えることができ、自文化の枠組みによる安易な評価に気づきそれを指摘することができる。	□文化相対主義的なものの見方で、自文化や異文化それぞれを捉えることができる。	□「文化相対主義」の定義を説明することができる。
□議論の場において、（その場におらず）想定から抜け落ちている人々の層を見つけ出し、問題提起できる。	□議論の場において、自由に振る舞えていないマイノリティの人々を認識し、指摘できる。	□議論の場において、メンバーだけで全ての人々の視点が網羅されていないことを理解している。
□異質な文化を持つ人々が日本社会で共存するために、現在の法律や規則等（校則含む）で被る不利益を見出し、その問題解決のために自らにできることを提案することができる。	□異質な文化を持つ人々が共存するにあたって、現在の法律や規則等（校則含む）では、誰がどのように不利益を被るのかを分析し、それを乗り越えるためにとるべき行動を散発的に出すことができる。	□現在の法律や規則等では、不利益を被る少数者が存在することを理解し、異質な文化を持つ人々が相互に尊重しあい共存することに対して積極的な態度をとる。
□多様性がもたらす「豊かさ」に着眼しながら、異なる文化背景を持つ人々が共存するための社会制度の改善策を提案することができる。	□偏見や差別が生まれる歴史的・社会的背景について理解し、社会の仕組みの問題点を列挙することができる。	□偏見や差別が、歴史的・社会的によってもたらされていることを説明できる。
□自分の生活に関わることで、「もっとこうしたい／こうしてほしい」という意見や、その場で感じていることを公共の場で論理的に言語化できる。	□自分の生活に関わることで、「もっとこうしたい／こうしてほしい」という意見や、その場で感じていることを言語化できる。	□自分の生活に関わることについて、ひとまず意見や感情を表明しても良いことを理解している。
□他者の意見、特に少数意見に関心をもって、発言の背景にある意図や前提状況を理解し、「このようなことが伝えたいということでしょうか？」とその受け止めを表現することができる。	□他者の意見について（自分の意見と関係なく）、言葉の背景にある意図や前提状況を理解しようと質問をかさねながら、受けとめることができる。	□他者の意見をさえぎらずに最後まで聴くことができる。
□その話し合いの場のしつらえで、参加しにくい人々を見つけ出し、必要な配慮を提案できる。	□その話し合いの場のしつらえで、参加しにくい人々を見つけ出すことができる。	□話し合いの場は、そのしつらえによって、参加しにくい人々が出ることを理解している。
□意見の対立を解消するために、議論の争点を見つけ出して、論点提示できる。	□合意形成を目指して、場にでている意見を並べて、表やマトリクスで整理することができる。	□合意形成を目指して、場に出ている意見を並べることができる。
□合意形成に向けて提案している時、自分の発言力が周囲にどのような影響を及ぼしているのか（いたのか）を分析し、表現できる。	□合意形成に向けて提案している時に、他の人の受け止め方や感じ方を確かめ、その様子を記述できる。	□合意形成に向けて提案している時、異なる考えの人を排除する可能性があることを理解している。
□緊張度の高くなった場面でユーモアをもたらして場をほぐすなど、議論を継続できる環境をつくることができる。	□少数派の立場で緊張度が高くなった際にすぐに妥協せずに、じっくりと議論しようとする。	□緊張度の高くなった場面に耐えて、議論に参加し続けられる。
□社会問題に強い関心をもち、課題を発見しその達成方法を考えて実行できる。	□社会問題に関心を持ち、解決しようと考えることができる。	□ニュースなどに関心をもっており、社会問題について日常的に自ら調べるようになる。
□自らの社会問題解決の実践を省察した上で、探究すべき課題を見いだすことができる。	□社会問題の解決について考える際に、日々の学習で学んだことを結びつけることができる。	□社会問題の解決について考える際、他の授業で学習しそうな内容が思いつく。
□自らと異なる価値観を持つ他者と役割分担しながら活動しつつも、柔軟に相互にフォローすることができる。	□自分とは異なる価値観を持つ他者とも役割分担をしながら活動することができる。	□自分とは異なる価値観を持つ他者とも争わない。

4.この教材の使い方

1　この教材の使い方

　　本書の教材は、第2部で示されている日本における多文化共生社会を実現していく上でベースとなる歴史的背景や知識と、第3部の多様性を前提とした社会的包摂を考える7つのテーマに沿った授業案で構成されている。第2部は、第3部の授業案を実施する前に、生徒が背景および現状を理解するために活用してほしい。第3部の授業案のどれを選ぶかにあわせて、内容を取捨選択してもらってもかまわない。第3部の授業案は第2部の背景知識がなくても、そのまま実施できるように構成されている。ただし、実施クラスで、話題の対象となりうる生徒がいる場合は、第2部の背景知識を授業で丁寧に扱うことで、当事者に対する他の生徒の配慮を引き出すことができる。また、第3部の授業案は各学校の実情にあわせて、時間配分や内容を改変して使用してほしい。さらに、テーマごとにあるQ＆Aは、授業中に生徒が発言するであろうことを想定して記述しているが、授業における生徒への発問としても活用できる。

2　学校の実情や授業形態に応じた教材の活用

　　本書で掲載するさまざまな資料は各校の実情やICT環境、時代変化に合わせて、また教師の創意工夫によって活用、編集、追加することが望ましい。ワークシートは使用しやすい大きさにコピーして生徒に配布したり、掲示してほしい。また、授業スライド等のダウンロード可能な教材については、学校の情報機器環境や授業形態に合わせて加工、編集して活用してほしい。動画は生徒の興味・関心を引くのに大変有効で、当事者が何に困っているのかを生徒は表情から読み取ることもできる。動画の一部を使用することも可能であるため、授業者の用途にあわせて必要な部分を活用しても構わない。

　　本書で提示している資料で扱う図や表について、より年次の新しいものに更新して生徒に示すよう努めることが求められる。本書はまさに現代社会で課題となるものについて授業案を作成しており、出典も掲載しているため、教師自身が調べることで課題を深く理解する糸口になり、また本教材では扱いきれていない視点に気づくこともあるかもしれない。

3　グループでの議論の際に留意すべきこと

　　本書の多くの教材で、グループで議論させる時間を設定している。生徒が安心して議論に参加する雰囲気づくりが大切である。自分の意見を積極的に発言すること、相手の意見を尊重すること、自分と他の生徒の意見の相違を明確にすること、当事者がいる場合はその生徒に十分配慮することを意識しながら議論を進めてほしい。また、当事者の生徒がいる場合、その生徒がそのことについて詳しいはずだという教師の思い込みで発言を強く求めることは避けたい。もしその生徒を当事者として授業で取り上げる場合は、事前にその生徒に了解をとることが望ましい。さらに、その生徒の発言が当事者すべてを代弁しているわけではないことも授業中に念を押しておきたい。

　　本書の教材で生徒に議論させる目的は、多文化共生にかかわる社会課題についていったい何が問題となっているのかを、議論を通して抽出し理解させることと、生徒が市民の一員としてどのような解決のプロセスをたどるのが望ましいかを考えさせることである。そのために、教師は生徒全員が終始安心して議論に参加できるように目配りをし、内容の聞き取りを行い、激しい対立が起きている場合には、積極的に介入すべきである。

　　生徒の中にはインターネット等で知り得た差別的用語や「嫌なら自国に帰れ」と外国人を排除するような発言をするかもしれない。これらの発言に対して、頭ごなしに生徒の考えを正すのではなく、例えば、「それはどこで知ったの？」や「根拠は？」など、生徒に発言が何に基づいていたのかをふりかえらせ、その発言で傷つく外国人がいないか配慮するよう働きかけて、議論を深めていくことが求められる。また、議論の方向が「外国人を一か所に集めればいい」と外国人の隔離によって手間を省く方向に向かうこともあるかもしれない。そのような解決策が外国人の人権を保障することになるのか、当事者を含む多くの市民の合意を得るプロセスとして適切かを、生徒に問いかけてほしい。

（窪田　勉）

4　教材の学習活動における位置づけ

		地理歴史	公民	保健	家庭	総合	LHR（人権・防災など）
第2部	共通レクチャー	○	○			○	○
	ホームルームで考えよう		○			○	○
	学校で考えよう		○			○	○
	部屋探しで考えよう		○		○	○	○
第3部	職場で考えよう		○			○	○
	病院で考えよう		○	○		○	○
	避難所で考えよう		○		○	○	○
	ルーツから考えよう	○	○			○	○

 授業で用いる資料・ワークシート・
パワーポイントのダウンロード方法

本書の第3部テーマ別アクティブ・ラーニング①〜⑦の授業で用いる資料・ワークシート・パワーポイントのうち、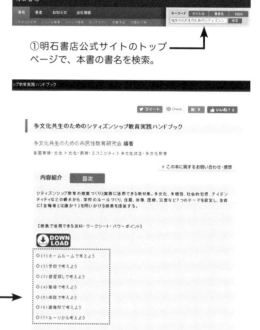マークの付いたものは、データ（マイクロソフトワードとパワーポイントのファイル）を明石書店公式サイトからダウンロードして利用することができます。右の手順に従ってファイルをダウンロードしてください。ファイルは①〜⑦の授業ごとにまとめてZIP形式で圧縮してありますので、解凍してご使用ください。

①明石書店公式サイトのトップページで、本書の書名を検索。

②内容紹介の 〔DOWN LOAD〕マークの下にある青色の文字がデータのファイルです。ダブルクリックをするとダウンロードが始まります。

第2部

共通レクチャー

人の移動と文化・社会の多様性

第2部では第3部のテーマ別アクティブ・ラーニングの内容をよりよく理解するための基礎的な知識を学びます。教師が授業の準備として読むほか、生徒が予習するための教材として必要な箇所をコピーして配布してもよいでしょう。

1）「日本人」って誰？

　私たちは日常会話の中でよく「日本人」という言葉を使います。制度的にいえば、「日本人」とは日本国籍を持っている人のことで、「外国人」とは持っていない人のことです。本書で「日本人」「外国人」という言葉を使う場合も、多くは国籍が日本か否か、という意味で用いています。

　ただし、私たちが日常会話で使う「日本人」の意味は多義的で曖昧です。日本国籍かどうかは、身分証明書を見ないとわかりませんから、多くの人は、「日本人」かどうかを、（1）外見、（2）文化、（3）言語の3つの要素から判断しています。最近テレビを見ていると、海外出身であっても日本に何十年もわたって生活していて日本語も流暢な芸能人をよく見かけます。声だけで判断すると「日本人」であっても、皮膚の色や頭髪の色が多数派と異なっていると多くの視聴者は「外国人」として捉えがちです。

図1　「日本人」が意味するもの

　反対に、皮膚や頭髪の色は多数派と同じで、骨格や身長も平均的である場合、一見して「日本人」と判断するかもしれませんが、話しかけてみると日本語が全く理解できないことが分かると、多くの人は「外国人」とみなすでしょう。つまり私たちは、身分証明書に記載されている国籍を確認するまでもなく、日本社会の中で外見やライフスタイルや言語が多数派に属する人を「日本人」とみなし、それ以外を「外国人」とみなす傾向にあります。

　もちろん、日本以外の国でも「外国人」を自国民と区別することはめずらしいことではありません。日本の特徴は、「日本は古来から外見や文化伝統を共有する単一の民族だけが住んできた国である」という自意識が広く社会に浸透している点です。こうした意識は近年では「単一民族国家観」と呼ば

れていますが、このために外見や文化伝統を共有していない人をよそ者とみなし、日本社会の正式なメンバーとして認めない傾向が根強く見られます。

　私たちは普段、どのような意味で「日本人」「外国人」という言葉を使っているか、いま一度考えてみましょう。

2）グローバル化時代の日本と多様性

（1）活発化する人の移動

　現代は「グローバル化の時代」といわれます。グローバル化の特徴のひとつは、国境を超えた人の移動が活発化することです。実際、全世界で、生まれた国以外の国で生活する国際移民の数は 2019 年に約 2 億 7200 万人にのぼり、2010 年から約 5100 万人増加しました（国際連合広報センター　2019）。

　人が国境を越えて移動する理由は様々です。より良い生活を求めて、国際移民として出身国以外で生活を営む人もいれば、観光目的で数日間だけ外国に旅行する人もいます。グローバル化時代の今日、世界ではあらゆる理由で国境を超えた移動をする人が増加しています。

　日本も例外ではありません。図2は、正規に日本に入国した外国人（ただし日本を主たる居住国とする永住者などは除く）数と、日本から出国した日本人数の推移を示しています。ここには、1週間以内の観光目的の旅行者や、留学のために数ヶ月間滞在する人など様々な人が含まれています。過去40年の間に日本から出国する人も日本に入国する人も増加していますが、2010年代以降は、特に来日する人数が急増していることがわかります。

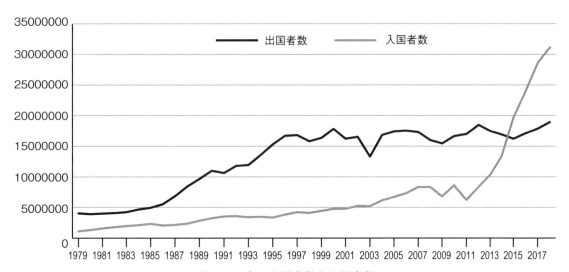

図2　日本の出国者数と入国者数
日本政府観光協会（2019）の統計をもとに作成

（2）増加する定住外国人

　来日する外国人の中には、観光のために短期間だけ滞在する人だけでなく、仕事やそれ以外の目的のために中長期にわたって日本で生活する人たちもいます。図３からも分かるように日本に一定期間以上滞在する外国人（在留外国人）の数は、年々増加傾向にあります。特に1980年代後半からの増加は顕著で、1960年と比較すると2015年の在留外国人の数は３倍以上となっています。

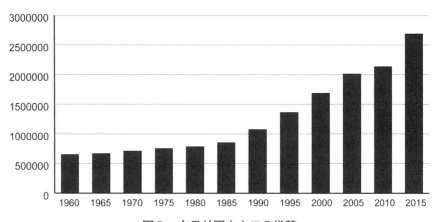

図３　在日外国人人口の推移
吉原（2013）、法務省（2018）をもとに作成

① ここでは法務省の表記にしたがい「韓国・朝鮮籍」としている。詳細は第３部⑦「ルーツから考えよう」の資料８「在日コリアンの歴史」を参照。

　図４は、どの国籍の外国人が日本に中長期にわたって滞在あるいは定住しているかを示しています。外国籍の人口が増え始めた1990年においても、韓国・朝鮮籍[1]が圧倒的多数を占めていたことがわかります。ところが、2005年の調査では中国やブラジル、フィリピン国籍者が増加し、2018年には中国籍が韓国・朝鮮籍者の数を上回っています。数だけ見れば韓国・朝鮮籍者はやや減少傾向にありますが比較的変化は小さいです。しかしながら、

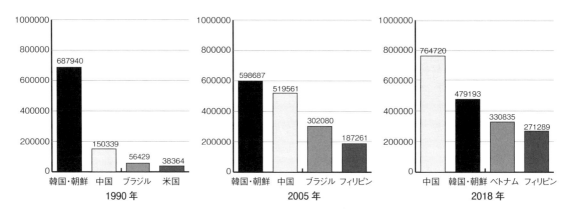

図４　国籍別在日外国人数の推移
吉原ほか（2013）、法務省（2018）をもとに作成

他の国から多くの外国人が日本に滞在・定住するようになったため、韓国・朝鮮籍者の割合が相対的に減少しているのです。また近年は、とりわけベトナムをはじめとした東南アジア諸国出身者が増加傾向にあります。

（3）地域の中の外国人

　皆さんが暮らす地域では外国人と出会うことはありますか？　外国籍の住民が増えているといっても、地域によって違いがあります。表1は、国籍別にどの都道府県に外国籍の人口が集中しているかを示しています。全体の傾向としては、東京都や大阪府など、総人口が多い都市部に外国人も多く住んでいることがうかがわれます。ただし、一部の都道府県に集中する国もあれば、それほど集中が見られない国があるようです。中国籍の人たちのおよそ3割は東京都に、ブラジル国籍者のおよそ3割は愛知県に集中していますが、ベトナムやフィリピン籍の人たちには極端な集中は見られません。

表1　2018年　国籍別中長期滞在者・定住者の多い都道府県
（国籍別総人口に占める割合、法務省（2018）をもとに作成）

中国	東京都 (28.6%)	神奈川県 (9.22%)	埼玉県 (9.20%)	大阪府 (8.28%)	千葉県 (6.86%)
韓国	大阪府 (22.34%)	東京都 (21.05%)	兵庫県 (8.77%)	愛知県 (6.67%)	神奈川県 (6.28%)
ベトナム	東京都 (11.16%)	愛知県 (9.55%)	大阪府 (7.80%)	埼玉県 (6.93%)	神奈川県 (6.11%)
フィリピン	愛知県 (13.77%)	東京都 (12.48%)	神奈川県 (8.34%)	埼玉県 (7.52%)	千葉県 (7.10%)
ブラジル	愛知県 (29.39%)	静岡県 (14.63%)	三重県 (6.80%)	群馬県 (6.32%)	岐阜県 (5.77%)

（4）さまざまな在留資格

　外国籍の人が日本で一定期間居住する場合は、どのような目的・身分で日本に住むのかを申請して「在留資格」を認定される必要があります。認定された資格によって、日本に住むことができる期間、就労時間や就くことのできる職種などが決まります。

　日本には現在、30種類以上の在留資格があり、大きく「活動類型資格」と「地位等類型資格」に分けることができます。「活動類型資格」は、主に日本に就職や留学のために滞在する外国人に認定されるものです。例えば日本の大学に進学することを希望する外国籍の学生は、「留学」の在留資格を申請することによって、在学期間中に日本に滞在することが可能になります。この資格を認定された学生は、一定の時間内であればアルバイトをして収入を得ることもできます。「地位等類型資格」には、例えば日本国籍の人

と結婚した人が申請する「日本人の配偶者等」などが含まれます。

つまり、「外国人」といっても、そこには多様な人びとが含まれます。表2は、どの在留資格で日本に住んでいる人が多いのか、国籍別で比較しています。例えば、近年数が増加傾向にある中国籍の人たちのなかには、日本に何世代にもわたって生活し続けている「永住者」もいれば、来日してから日が浅い留学生も多く、その背景は極めて多様です。いずれにせよ、「外国人は○○である」という決めつけはもちろん、「韓国人は◇◇だ」とか「中国人は▽▽だ」というような一面的な理解は避けるべきでしょう。

表2　国籍別の主な在留資格
法務省（2018）をもとに作成

	人数	主な在留資格
中国	764,720	永住者、留学、家族滞在、技術・人文知識・国際業務など
韓国	449,634	特別永住者、永住者、留学、日本人の配偶者など
フィリピン	271,289	永住者、定住者、日本人の配偶者など、技能実習など
ベトナム	330,835	技能実習、留学、技術・人文・知識・国際業務など
ブラジル	201,865	永住者、定住者、日本人の配偶者など

（5）国際結婚

国境を超えた人の移動が活発化する中で、日本人が外国人と結婚するケースも増えています。2018年に日本で婚姻届を提出したカップルは58万6481組ありましたが、そのうち夫と妻のいずれか一方が外国籍のカップルは2万1852組でした（厚生労働省　2018）。

外国籍といっても、日本で生まれ育ち、日本語を母語としている人も少なくありません。また、例えば海外で出逢って結婚を機に日本に移住する人の中には、日本語が不自由であったり、日本の文化や習慣をよく知らない人もいます。

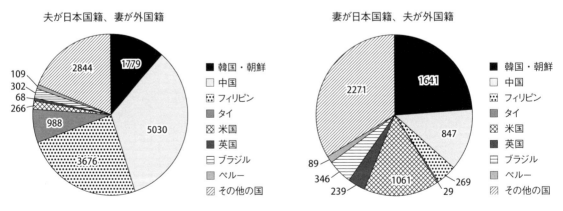

図5　国際結婚カップルの外国人の国籍（2018年）
厚生労働省（2018）をもとに作成

（6）外国にルーツをもつ子どもたち

　日本ではつい最近までは外国籍の子どもの大半が韓国・朝鮮籍をもつ朝鮮半島出身者（後に「在日コリアン」と呼ばれる）でした。いうまでもなく、朝鮮半島には日本とは異なる文化や伝統があり、自分たちの民族文化を大切に子どもたちに受け継いでいる在日コリアンの家庭が多くありました。一方で、日本で生まれ育った在日コリアンの大多数は、日本の文化や風習も理解し、日本語も自由に使うことができました（第3部のアクティブ・ラーニング「⑦ルーツから考えよう：アイデンティティと政治参加」を参照）。

　しかしながら近年、より多様な国にルーツをもつ外国人が日本で生活するようになり、様々な文化背景をもつ子どもが増加しています。なかには、両親あるいは片親が日本語を自由に使えず、家庭内では日本語以外の言葉を話している子どももめずらしくありません。そうした家庭環境で育った子どもの一部は、授業中に使われる日本語がよく理解できなかったり、自分の気持ちや考えを日本語で十分に表現できないことがあります。

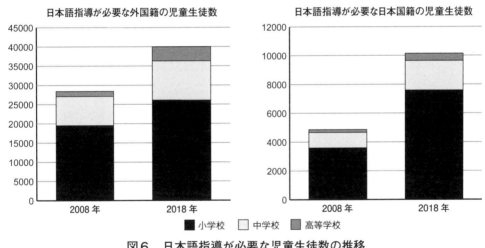

図6　日本語指導が必要な児童生徒数の推移
文部科学省（2019）をもとに作成

　日本語のサポートや特別な指導が必要なのは、外国籍の児童生徒ばかりではありません。図6からもわかるように、近年は特に日本語指導が必要な日本国籍の児童生徒が急増しています。日本国籍であったとしても、片親が外国人で日本語が話せない場合は家庭の中での会話は外国語となります。そのために学校で授業を受けるのに十分な日本語が身についていない子どもが少なくありません。また両親ともに日本語が母語であっても、海外で生まれ育った子どもは、学校の授業で使われる日本語に慣れていない場合があります。

　日本語が不自由な児童生徒はまた、日本の文化や習慣に慣れ親しんでいな

いケースが多々見られます。そのため、日本の公立学校に通学する場合は、言語だけでなく文化や習慣など多岐にわたったサポートをする必要があるのです。

3）日本の移民・難民受け入れのこれまでとこれから

（1）戦後日本の難民政策

　1980年代半ばまで日本に居住する外国人の大多数は、日本の植民地支配を背景に台湾や朝鮮半島から移住してきた人びととその子孫、すなわち、現在では「特別永住者」とよばれる人たちでした。そうした中で、日本政府が外国人受け入れ政策を見直す契機が1970年代末に訪れました。

　1970年代にインドシナ半島（ベトナム・ラオス・カンボジア）における急激な政治体制の変化に伴い、140万人以上の人々が海外に難民として脱出（インドシナ難民）し、その一部が日本にも到着したのです。国際社会が、インドシナ難民支援を受け入れ支援を行うなか、日本も1979年に難民事業本部を発足させて難民定住支援を行い、1万人以上のインドシナ難民が日本に定住することになりました（山本　2013）。

　難民問題は過去のことではありません。むしろ戦争や国内の紛争のためにやむなく母国を逃れる人の数は近年増加傾向にあります。しかしながら、日本政府は難民の受け入れに対して消極的な姿勢をとり続けています。図7は、1982年から2018年までに日本で難民申請した件数と、難民認定あるいは人道上の理由から在留が認められた人の数の推移を示しています。近年では、ほぼ毎年日本政府に対して1万件以上の難民申請があるにもかかわらず、難民に認定されたのは2018年は42件だけでした。

（2）日本の経済発展と日系三世の受け入れ

　1980年代に入ると、好景気のために人手不足が深刻化し、日本の産業界は海外から労働力を受け入れるように政府に強く要請しました。その結果、1989年に入国管理法（入管法）が改正され、就労可能な在留資格が大幅に拡充されました。この時の改正は、表向きは専門職・技術職に就く外国人の受け入れを円滑化することに重点を置き、「単純労働」に従事する外国人の受け入れは制限しました（明石　2013）。

　しかし同時に、日本政府は日本の戸籍に記載されている祖父母を持つ三世の日系人とその配偶者が、就労制限のない「定住者」として来日できるようにしました。その結果として、90年代以降に南米出身の日系人が、母国よ

戦前の日本人移民と日系人

　明治維新以後、より良い収入と生活を求めて多くの日本人がハワイや北米に移住しました。北米では安い賃金で働く勤勉な日本人労働者がやってくることに対して、現地の労働者が不満を抱き、各地で排斥運動が起こりました。日本人に対する

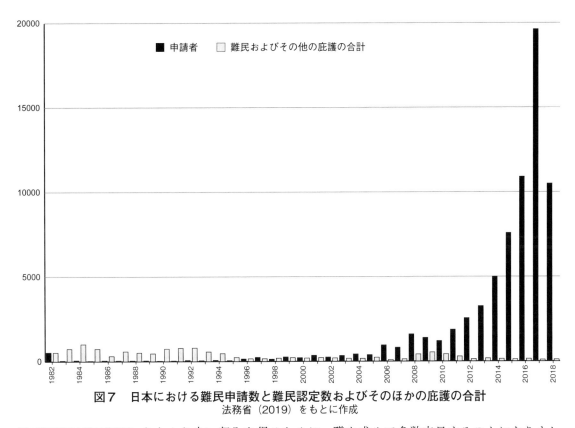

図7　日本における難民申請数と難民認定数およびそのほかの庇護の合計
法務省（2019）をもとに作成

差別と排斥運動があまりに激化したため、米国とカナダは日本人労働者が新たに入国することを禁止するほどでした。

ハワイや北米地域への入国が厳しく制限されるにつれて、日本人労働移民はブラジルやペルーをはじめとした中南米諸国に渡航するようになりました。ブラジルは特に多くの日本人が移民し、1906年から1941年までにのべ18万人以上が渡航しました。ペルーやメキシコ、アルゼンチンに移民した日本人も少なくありませんでした。
（吉原 2013：429）

りもより良い収入を得るために、職を求めて多数来日することになりました。

　外国人労働者の受け入れに消極的だった日本政府が、日系人を優遇し就労制限のない在留資格を得られるようにした背景には、血縁のある日系人であれば日本文化にも馴染みがあり、日本社会に比較的容易に同化できるだろうとの想定があったと考えられます。

　実際には、日系人とはいえ、ブラジルやペルーの日系3世の多くは日本語を母語とせず、必ずしも日本文化に親しんでいませんでした。しかも、3世の半数以上の配偶者は非日系人だったのです。そのため、日系人労働者を受け入れた企業は、日本政府の「日系人＝日本語ができて日本文化に親しんでいる」というタテマエと、日本語が通じず日本文化にも馴染んでいない日系人の現実の矛盾に直面し、対応に苦慮することになりました。また地域社会も、日本に不慣れな外国人を大勢受け入れる体制ができていなかったため、当初は十分なサポートを提供することができませんでした（山脇　2013）。

（3）「労働者」としての研修生・技能実習生の受け入れ

　1989年の入管法改正に際しては、もうひとつ大きな変更点がありました。留学の一形態として「研修」という新たな在留資格を創設したのです。この

研修制度は、表向きは、外国人を日本に受け入れて技術研修を行うことを通じて、日本の技術などを海外に移転させる「国際貢献」を目的としていました。しかしながら、人手不足に悩む企業が外国人を「研修」名目で呼び寄せて、実際には安い賃金で「労働力」として働かせることがめずらしくありませんでした。こうして来日した外国人「研修生」は、「労働者」としての権利は認められていなかったので、違法な残業や賃金未払いなどが横行しました（鈴木　2013）。

　政府も上のような事態を問題視し、2009年に再び入管法が改正された際には、新たな在留資格「技能実習」を設けて、受け入れ機関に対する指導や監督、支援を強化しました。とはいえ、技能実習生の労働者性はさらに強まることになり、研修制度は「国際貢献」とはほど遠いものとなりました（鈴木　2013）。

　2009年に入管法を改正した際も、日本政府は外国人を「単純労働者」として受け入れないという基本方針を変えませんでした。そのため、特に人手不足が深刻で安い労働者を必要とする業界は、外国人を「技能実習生」として受け入れ、「労働者」として働かせるという実態が続きました。

（4）日本の多文化共生のこれから

　これまで日本政府は、産業界の再三の要請にもかかわらず、いわゆる単純労働に従事する外国人を受け入れることを表向きは拒んできました。しかしながら、人手不足の深刻化を背景に、これまでの方針を変更し法律を改正することに踏み切ったのです。

　つまり、政府は2019年4月に新たに在留資格「特定技能1号」と「特定技能2号」を創設し、国内で人材を確保することが特に難しい業種で外国人が働くことを可能にしました。

　「特定技能1号」は、図8のいずれかの分野について相当程度の知識や経験があり、生活や業務に困らない程度の日本語能力のある外国人が対象となります。最長5年の滞在が認められますが、家族を連れてくることはできません。また入管法は、受け入れ機関が、特定技能1号の資格で就労する人に対して、日常生活、職業生活、社会生活の面で支援をするように求めています。

　「特定技能2号」は日本で就労する分野について熟練した技能を持つ外国人を対象としており、家族を連れてくることもできます。また滞在期間が5年を超過しても更新することができます。

　在留資格「特定技能」の新設によって、日本に一層外国人が増えることが予測されています。忘れてならないのは、どのような在留資格で日本に来る

図8 「特定技能1号」で就労が認められる業種

としても、その人はただの労働力ではなく、ひとりの人間だということです。

　勤務時間以外は、会社の外で買い物したり、遊んだり、時には病院に行くこともあるでしょう。日本社会は、外国人を「労働力」としてだけでなく「人間」として受け入れる準備ができているでしょうか。今それが問われています。

4）おわりに

　国境を超えた人の移動の動きは世界的に今後さらに増加することが予想されます。そして日本でも、日本以外で生まれ育った人びとがますます来日し生活することになるでしょう。またこの本を手にしているみなさんも将来、日本以外の国で生活するチャンスが訪れるかもしれません。異なる文化や習慣を持つ人と人が出会うと、争いや対立が起きる可能性もある一方で、新たな発見や創造が生まれることが多々あります。日本社会は今後、どのように多様性を創造的な未来に繋げていくことができるでしょうか。

（松田　ヒロ子）

【参考文献】 明石純一（2013）「戦後の入国管理政策の変遷」吉原和夫編者代表『人の移動事典：日本からアジアへ・アジアから日本へ』丸善出版、154 − 155 頁

法務省（2018）「在留外国人統計」http://www.moj.go.jp/housei/toukei/toukei_ichiran_touroku.html（2019 年 11 月 28 日閲覧）

法務省（2019）「我が国における難民庇護の状況等」http://www.moj.go.jp/content/001290415.pdf（2019 年 11 月 28 日閲覧）

国際連合広報センター（2019）「プレスリリース」https://www.unic.or.jp/news_press/info/34768/（2019 年 11 月 28 日閲覧）

厚生労働省（2018）「人口動態調査」https://www.mhlw.go.jp/toukei/list/81-1.html（2020年2月15日閲覧）

文部科学省（2019）「日本語指導が必要な児童生徒の受入れ状況等に関する調査（平成30年度）の結果について」https://www.mext.go.jp/b_menu/houdou/31/09/1421569.htm（2020年2月15日閲覧）

認定NPO法人難民支援協会「難民を知る」https://www.refugee.or.jp/jar/report/2017/09/14-0002.shtml（2019年11月28日閲覧）

日本政府観光協会（2019）「日本の観光統計データ」https://statistics.jnto.go.jp/（2019年8月31日閲覧）

鈴木江理子（2013）「研修・技能実習制度の虚実」吉原和夫編者代表『人の移動事典：日本からアジアへ・アジアから日本へ』丸善出版、130-131頁

山本哲史（2013）「インドシナ難民」吉原和夫編者代表『人の移動事典：日本からアジアへ・アジアから日本へ』丸善出版、92-93頁

山脇千賀子（2013）「日系人／ニッケイと『血縁』幻想の崩壊」吉原和夫編者代表『人の移動事典：日本からアジアへ・アジアから日本へ』丸善出版、132-133頁

吉原和夫編者代表（2013）『人の移動事典：日本からアジアへ・アジアから日本へ』丸善出版

〔コラム①〕どうやって国籍は決まるのか

　国籍取得のあり方については、世界で大きく2つの潮流があります。1つは、父母の国籍にかかわらず出生した場所がどの国の領土内にあるかによって国籍を定める＜出生地主義＞です。例えば、日本国籍を持つ女性と中国籍を持つ男性のカップルが、仕事のために1年間米国に滞在している間に生まれた子どもAちゃんは、自動的に米国籍を取得する権利を与えられます。米国は国籍に関して出生地主義を採用しているからです。

　それに対して日本が採用しているのは＜血統主義＞で、子どもの生まれた場所にかかわらず、父または母の国籍が子どもに継承されます。上の例で挙げたAちゃんの母親は日本国籍ですから、所定の事務手続きを経れば日本国籍を取得します。また父親は血統主義を採用している中国籍ですから、Aちゃんは中国籍も取得します。

　今日の世界では、Aちゃんのように生まれたとき複数の国籍を与えられる重国籍の子どももめずらしくありません。近年、世界的に重国籍を認める国が増加していますが、成人になっても複数の国籍を持ち続けることを認めていない国もあります。例えば米国は重国籍を認めていますが、日本と中国の政府は、重国籍で生まれた子どもは成人後に1つの国籍を選択し、あとは放棄するよう求めています（法務省「国籍の選択について」）。

　ところで、日本は第二次世界大戦以前に台湾と朝鮮（現在の大韓民国と朝鮮民主主義人民共和国）を植民地統治しましたが、植民地の住民の国籍は日本でした。戦後、日本は植民地を放棄し、台湾や朝鮮出身の人びとは当人の意思や希望とは無関係に日本国籍を離脱しました。第二次世界大戦終了以前から引き続き日本に居住した在日台湾人、在日コリアンとその子孫で日本国籍を取得していない人たちは「特別永住者」という永住資格によって日本に居住しています。

　今日、特別永住者の多くは日本で生まれ育った二世、三世、四世です。特別永住者の中には、自分のルーツを大切にしたいと考えて外国籍のまま日本で生活を続ける人がいる一方で、帰化して日本国籍を取得する人たちもいます。本人の意思や能力にかかわらず、出生地や両親の国籍にしたがって自動的に国籍を取得するのとは異なり、帰化は、一定の条件を満たした人に対して法務大臣が国籍取得を許可するものです。今日の日本では、帰化の一般的な条件として、帰化申請まで継続して5年以上日本に住んでいること（住所条件）や、犯罪歴の有無や納税状況、日本社会の通念上「素行が善良である」と判断されること（素行条件）、本人の収入や生計を共にしている配偶者や親族の収入や資産によって、日本で安定した経済生活を送ることができると判断されること（生計条件）、日本の政府を暴力で破壊することを企てたり主張したり、そのような団体に加入していないこと（憲法遵守条件）、などが挙げられます（法務省「国籍Q&A」）。

　また日本を含め世界には、いずれの国籍も持たない無国籍者がおよそ1200万人以上いると推計されています（UNHCR日本「無国籍者」）。例えば、日本をはじめとする血統主義を採用する国で生まれた難民（コラム「難民の定義と受け入れ」を参照）の子どもは、両親が外国籍であるため、生まれた国の国籍は与えられません。一方、両親は難民であるため出身国の政府に対して出生届を出すことができず、子どもは無国籍となってしまうのです。　　　　　　　　　　　（松田　ヒロ子）

参考文献

法務省「国籍の選択について」http://www.moj.go.jp/MINJI/minji06.html（2019年11月28日閲覧）

―――「国籍Q&A」http://www.moj.go.jp/MINJI/minji78.html#a09（2019年11月28日閲覧）

〔コラム②〕難民の定義と受け入れ

　「難民」とは、国連の定義によると「人種、宗教、国籍、政治的意見やまたは特定の社会集団に属するなどの理由で、自国にいると迫害を受けるかあるいは迫害を受けるおそれがあるために他国に逃れた（1951年難民の地位に関する条約）」人たちのことです。一般的には、移動の背景に政治的迫害や紛争がある場合や、故郷にとどまっていると生命の危険があるためにやむなく移動を強いられる人たちが難民と呼ばれます。難民には国内の比較的安全な場所に避難する「国内避難民」と、外国に逃れる「国際難民」がいます。

　歴史的に有名な例としては、ナチス政権下のドイツで迫害を受けたユダヤ難民が挙げられます。第二次世界大戦中の日本政府がナチス政権と緊密な関係にあったにもかかわらず、人道的配慮からユダヤ難民が日本に滞在できるようにビザを発給した日本人領事の杉浦千畝は、今日でもユダヤ人の間でよく知られ敬われています。

　第二次世界大戦後、難民問題に対して世界的に意識が高まり、1951年に「難民の地位に関する条約」が締結され、1954年に成立しました。さらに1967年には「難民の地位に関する議定書」が発効しました。日本政府は1981年にこれら二つの難民条約に加入することが国会で承認され、翌年発効しています。

　国連の調査によると、2018年末時点で紛争や暴力、迫害から逃れるために避難を余儀なくされた人は世界中に約7,080万人いて、そのうち国内避難民は約4,130万人で国外に逃れた難民は約2,590万人でした。全体の約67パーセントが、シリア、アフガニスタン、南スーダン、ミャンマー、ソマリアの5カ国から発生しました。これらの難民の約半数を占めているのが18歳未満の子どもたちです（UNHCR日本「数字で見る難民情勢（2018年）」）。

　近年、難民を最も多く受け入れているのがトルコで2018年には約370万人を受け入れました（UNHCR日本「数字で見る難民情勢（2018年）」）。一方で、日本政府は他国と比較すると難民の受入に対して消極的な姿勢をとり続けています。2018年には10,493人が日本で難民申請をしましたが、そのうち認定されたのはわずか42人でした（法務省「平成30年における難民認定者数等について」）。日本社会では難民に対する支援が乏しく、難民申請をしている期間に母国から持ってきたお金が尽きてホームレスになってしまう例も報告されています（認定NPO法人難民支援協会「難民を知る」）。

（松田　ヒロ子）

参考文献

法務省（2019）「平成30年における難民認定者数等について」http://www.moj.go.jp/nyuukokukanri/
　　kouhou/nyuukokukanri03_00139.html（2019年11月28日閲覧）
認定NPO法人難民支援協会「難民を知る」https://www.refugee.or.jp/refugee/（2019年11月28日閲覧）
UNHCR日本「数字で見る難民情勢（2018年）」https://www.unhcr.org/jp/global_trends_2018（2019年
　　11月28日閲覧）

第3部

テーマ別アクティブ・ラーニング

Ⅰ. 多文化共生を考える７つのテーマ
──多様性を前提とした社会的包摂とは？「私たち」とは？

　「私たちの社会」の社会的包摂を実現するためには、どうすればいいだろうか？　どのような社会が必要だろうか。

　そして、そもそも「私たち」とは誰のことなのだろうか？「私たち」と「私たちではないもの」の境界線は何か。それは今のままでいいのだろうか。

　第３部では、このような問いについて考え、日本における多様性を前提とした社会的包摂を考えるための７つの学習活動を紹介する。それぞれ、「ホームルーム」「学校」「部屋探し」「職場」「病院」「避難所」「政治参加」という７つの場面やテーマを設定し、実際に議論となっているリアルな問題を扱っている。

　1)「ホームルームで考えよう」では、秩序と公平性のための既存のルールと、新たに参入する異文化との間で起こる摩擦がテーマである。
　2)「学校で考えよう」では、日本語にハンディのある生徒の教育を保障するための合理的配慮と、教育における平等を考える。
　3)「部屋探しで考えよう」では、ステレオタイプ・偏見に基づくリスク回避の行動と人権侵害の課題を扱う。
　4)「職場で考えよう」では、外国人労働者を受け入れる側の経済効率の論理と人権との間に生じている対立をテーマにする。
　5)「病院で考えよう」では、定住外国人の社会権の保障とそのためのコストをどのように考えるかを議論する。
　6)「避難所で考えよう」では、多様な背景をもつ人々が新たな公共空間を形成する際の民主的な合意形成のあり方について考える。
　7)「ルーツで考えよう」では、多様なアイデンティティをもつ市民がともに問題解決していくための政治参加のあり方がテーマとなっている。

　いずれも、議論の分かれるテーマで学習者に何らかの葛藤を生じさせ、個人の「思いやり」だけでは解決しない、立法や制度の確立といった公的な解決や合意形成のあり方の見直しを迫る学習活動が意図されている。
　学習のプロセスでは、例えば、「多様性か、共通性か」「個人か、共同体か」「私益か、公益か」「(個人の)意識の問題か、社会構造や制度の問題か」「秩

序か、自由か」「守る公共性か、つくる公共性か」…etc. といった、必ずし
もどちらが正しくどちらが間違っていると単純に言うことができない、異な
る力点がさまざまな場面で現れるだろう。こうした概念と複数の価値につい
ても学びながら、多文化共生についての議論を進めたい。　　　（野崎　志帆）

① ホームルームで考えよう：異文化尊重と公平

> **キーワード** 校則　規則と慣習　異文化尊重　公平
>
> みんなが気持ちよく生活するためにも「ルール」を守ることは重要だ。しかし、その「ルール」はもしかしたら文化の尊重とぶつかることがあるかもしれない。そんな時どうするか？　みんなでモヤモヤしながらより良いルールを考えてみよう。

全体を通しての留意点　外国籍の生徒がいるクラスでは、実際に文化的差異による不自由を感じた生徒もいる可能性がある。無理のない範囲でぜひワークに参加してもらいたい。そのような生徒が意見を発言しやすい雰囲気をつくり、共に考えることがクラス内の関係づくりや学びにもつながる。また、校則について扱うので学校の基本方針を理解したうえで授業に臨むこと。

ねらい　現代は様々な文化背景を持った人が共に生活する。本授業ではそのうえで起こりうる文化的衝突を追体験し、よりよい解決策・ルールのあり方について考える。

授業の最後に班ごとで「多文化共生で大切なこと３箇条」を作成し、クラスで共有することで、これからの多文化共生社会のあり方を考える際の基礎とする。

評価の観点
（１）自分たちが普段当たり前に感じている文化・伝統が当たり前ではないことに気づき、世界には多様な文化背景があることを理解する。【知識・技能】
（２）異なる文化背景を持つ人々が共存し、相互交流する社会を築くための方策を考え、提案できる。【思考力・判断力・表現力など】
（３）課題解決に向けて、他者と協働して意欲的にこれからの多文化共生社会のあり方を構想する。【学びに向かう力・人間性など】

評価方法　ワークシートの内容・多文化共生３箇条の作成活動・感想から評価の観点にそって評価する

テーマの背景　あなたは、「人間らしさ」はどこから生まれると思いますか？　犬や猫が

生きるためにも、食物や睡眠、安全な寝床は不可欠です。しかし、犬や猫は食事のマナーは気にしませんし、寝る前に着替えたり、よく眠れるように音楽を聴いたり本を読んだりすることはありません。空腹だと鳴いてエサを要求することはありますが、言葉遣いを気にすることもありません。つまりヒトは、文化を営むことによって人間らしい生活を送ることができるといえます。そして、この人間らしさが自分らしさの基になっているといえるでしょう。だからこそ、国際連合は文化的権利を経済的権利や社会的権利と並ぶ重要な基本的人権として認めています。

　難しいのはこの「文化」が非常に拡がりのある概念である点です。日本語の「文化」という言葉には、美術館で芸術鑑賞をする趣味も、クリスマスに教会に行く風習も、家に入るときは靴を脱ぐ習慣も含まれます。また「文化」は育った場所や環境によって非常に多様であり、時代によって変化します。例えば日本では1960年代半ば頃までは結婚した男女の半数以上はお見合いを通じて出逢いました。それから50年が経過した今、見合い結婚という文化は日本ではすっかり衰退してしまいました。

　また文化は集団によってつくられるものである一方で、個人差も大きいことが知られています。日本の文化や中国の文化は長い間かけて多くの人たちに実践されることによって作られてきたものですが、地域や家族、個人によって、その文化が実践される形は非常に多様であるといえるでしょう。

　ところで、国境を超えた移動がめずらしくなくなった今、日本でも身近なところで自分とは大きく異なる文化や習慣を身につけた人と出会うようになりました。学校でも、日本国外で育った生徒や、家族が日本国外で育ったために、家庭の中では日本語を話していなかったり、日本の風俗や習慣を身につけていない両親のもとで育てられた生徒もいるかもしれません。そのような生徒はクラスの中では少数派かもしれません。しかしながら多数派の文化に適応できずに苦労したり、あるいは自分自身が大切にしている文化を理解してもらえずに悩んでいるかもしれません。

　「郷に入れば郷にしたがえ」という言葉があります。海外旅行をしたことがある人であれば、旅先の文化や習慣を尊重し、その土地に馴染むことの大切さを実感したことでしょう。一方で、その土地の習慣に合わせることによって自分らしさを否定するようなことまで強要されたら大変な苦痛を感じるのではないでしょうか。人には誰でも「郷に入れば郷にしたがう」ことができる部分と、容易にはしたがえない部分があるのです。学校にいる文化的少数派の同級生にも同じことがいえます。

　すべての生徒が人間らしく、そして自分らしく学校生活を送るためには、それぞれの文化が尊重されることが大切です。一方で、みんなが円滑に集団

生活を営むためには、ルールが必要とされますし、それぞれの生徒がルールを尊重することが重要です。では、それぞれの生徒の人間らしさと自分らしさを尊重しながら、皆が共に安心にそして安全に学校生活を送るためには、どうすればいいでしょうか？　どうすれば皆が納得するようなルールを作ることができるでしょうか？　文化習慣の実践は個人差が大きく、また常に変化を続けるものである限り、これらの問いに対する唯一絶対の答えはありません。だからこそ私たちはそれらについて共に考え、話し合いを続ける必要があるのです。

展開

（1）講義：事例「掃除の約束を守らない友達」理解（10分）

　　「させる派」・「させない派」の主張

（2）グループワーク①「全員が納得するルールをつくる」（10分）

　　→クラス発表

（3）グループワーク②「多様な文化が共生するために大切なこと」（10分）

　　→クラス発表

（4）作成した多文化共生のために大切なこと3箇条音読

準備するもの

🔽**DOWN LOAD** はダウンロードして利用可能。ダウンロードの方法は26頁参照

・ワークシート1〜3 🔽**DOWN LOAD**（ワークシート3はA3サイズ以上に拡大が望ましい）

・パワーポイント投影用プロジェクター（なくても可能）

・本授業の展開を反映したパワーポイントスライド資料 🔽**DOWN LOAD**

・授業開始時には4〜5人の班に分かれておくことが望ましい

学習指導過程

時間	学習活動	留意点
導入 10分	多文化共生の重要性の説明 ワークシート1 規則・自身の「習慣・伝統」と「文化尊重」のジレンマを理解する 様々な文化が入り混じるようになる これからの社会 もちろん学校にも様々な国や文化の人が ⬇ 「様々な文化を尊重することが大切」 自分ならどうするかを考え、何人か全体に発表する	※これまで多文化共生のことを扱っていたり、他の実践をしている場合にはそのことを思い出させてもよい。 どちらかに偏った場合などには揺さぶり発問を必ず入れる。

	異なる文化を「受容」することの大切さを理解する	掃除を「させる」を選んだ人に質問です ・多文化の「尊重」が重要なのでは？ ・異文化を理解して受け入れることが大切では？ ・無理やり自分のところのルールに従わせていい？	少数派も尊重する。
	ルールを「公平」に適応する重要性も理解する 自分の立場・理由を考える（近くと交流）	掃除を「させない」を選んだ人に質問です ・一人だけやらないのはいいの？ ・公平にするのがルールなのでは？ ・他の人はみんな納得してくれる？	教材の状況を理解させモヤモヤを感じさせる。
展開① 20分	**グループワーク①** **「その場に関わる人全員が納得するルールを考える」**		
	本事例で「全員が納得する」同じ場で生きるための平和的ルールとは何かを考える **「多文化理解」と「公平」** ワークシート2《班ワーク》 どういうルールだと全員が納得する？ （決め方・内容など） （約10分） グループごとにルール作り（10分） →グループごとに全体に向けて報告（10分）		教師は机間巡視をしながら揺さぶるような発問を適宜入れる。 「全員が共生でき、納得するルール」ということを強調。
展開② 17分	**グループワーク②** **「多様な文化が共生するために大切なことはなんだろう？」**		
	先ほどのルールをつくる上で大事にしたことから多文化共生社会の人の意識・ルールに必要なことを考える グループで「多文化共生で大切なこと3箇条」を考える **多文化共生3箇条をつくろう** 《決めるときのルール》 1.班員全員が納得する3箇条にする 2.できるだけポジティブな項目をつくる 3.合意した印として全員が「署名」をする （その署名は自分が合意したという証） （合意できない場合は署名しない）→改善する グループで考える（10分） →グループごとに全体に報告（7分）		※ポジティブな3箇条になるように促す（それでも許されないものもあるのでできるだけ…）。 ※署名＝全員の合意ということを強調する。 ※無理に3箇条出すのではなく全員が納得する「心がけ」をつくることが大切。
まとめ 3分	班員みんなで決めたことを音読する。 まとめ「これまでの『当たり前』を見直し、違いをみとめ、共に生きる社会を創る主体である」ことを理解する ワークシート2に今日の感想を記入し提出		※各グループの考えた3箇条は教室に掲示する。 授業後回覧して「イイね」シールをはるとよい。

授業で用いる資料・ワークシート

〈ワークシート１〉

多文化社会のジレンマ「掃除編」

《授業も終わり、帰りの会での出来事》

先生「今日はここまで。じゃあ今日の掃除当番はと…1班か、ちゃんと掃除して帰れよー。」

A さん「げ、まじか…。今日は早く部活行きたかったのに。でも、まあ仕方ないか。さぼったら後から怖いし。」

E さん「じゃあ、私はこれで…また明日ね。」

A さん「いやいやいや。E さん。うまくさぼろうってったってそうはいかないよ。今日は掃除当番なんだから、ちゃんとみんなでやろ。」

E さん「すいません。私、掃除できないんです。国でその立場じゃないので…」

A さん「いやいやいや。私だって早く部活行きたいのに掃除してるんやんか。誰かがさぼったらまた明日もあるっていうルールになってるの！」

E さん「でも、私の国では掃除をする人、決まってる。私その立場じゃないし、学校には掃除のために来てるんじゃないし…」

A さん「そうだったかもしれないけど！ここは日本なの。ルールは守らないといけないの！」

E さん「でも…」

さあ、あなたはどう考える？？

あなたがクラスの一員だとして、E さんに「掃除」を

《させる》　　　or　　　《させない》

ワークシート２の(個人ワーク)１.を書いてください

【補足説明】「なぜ掃除をしないのか」

　アメリカやイギリス、ドイツ、カナダ、オーストラリア、ニュージーランド、フランス、シンガポールなどは生徒ではなく清掃員が掃除をすることが多い。さらにインドなどではカースト制という身分制度の名残もあって人によっては掃除をしたことがない人もいる。

　「掃除はその専門の人がするべき」・「掃除をする人の仕事を奪ってしまうことにつながる」・「なぜ清掃員を雇わないのか？」という意見や、中には「児童労働だ！」・「もっと有意義なことに時間を使うべき」といった意見もある。その一方で、2016 年 2 月にシンガポールでは学校で生徒が掃除をすることを導入したといった事例もある。

__異なる文化背景を持つ人たちとうまく折り合いをつけるためにはどうすればよいだろうか？__

〈ワークシート２〉

「みんなが納得するルールのために」

年　　　組　　　番　名前（　　　　　　　　　　　　　　　）

（個人ワーク）１．なぜその選択をしたのですか？　理由を書いてください。

（班ワーク）２．この場合に全員が納得する、平和的なルールはどんなものですか？
（決め方・内容など）

（班ワーク）３．多文化共生社会において大切なことはなんですか？
（班で話し合ったことをメモしよう）

４．今日の感想を書いてください

多様な文化と「共に」生きるために
大切なこと3箇条

（1）

（2）

（3）

署名（班員）：

Q 1　日本に来ている（住んでいる）のだから日本の文化を学んだり日本に順応してもらうのが必要なのではないですか？

A 1　日本の文化にすんなりと順応できるようであれば特に問題はありません。テーマの背景でも書かれていますが、もしかしたら自分自身が大切にしている「文化」を理解してもらえずに悩んでいる人がいるかもしれません。日本の文化を学んでもらうこともとても大切なことです。しかし、それと同時に他の文化も理解し、その折り合いの付け方を学び、共に生きる社会のルールをこれからは作っていかなければならないのです。

Q 2　外国人の人はみんな掃除をしたがらないのですか？

A 2　宗教や文化などは個人差が大きくあります。民族や国でその人を決めつけることはその人を傷つけることになることもあります。ここでのワークは様々な文化背景をもつ人たちと共に生きる社会を学ぶためのものです。ここでの事例がすべてに当てはまるというわけではありません。同じような場に遭遇した時は国や宗教で決めつけるのではなく、ちゃんとその人と向き合うことを忘れないでください。

Q 3　こういった事例は他にはないのですか？

A 3　育った文化が異なっている以上は、小さいことから大きなことまでたくさんあるでしょう。この本の他の章での問題もそういった文化の差異から来るものです。

以下にいくつか学校で起こりそうな例を載せておきます。授業時間に余裕があるならワークシート1に加えて事例を出して授業を進めると三箇条がもっと普遍的に考えられます。皆さんも周りの外国人に聞いてみたり、この機会に調べてみてはいかがでしょうか。

（藤川　瞭　＊テーマの背景：松田　ヒロ子）

【付録】《様々な文化との衝突事例》

①「なんであの子は学校にピアス付けてきてるの？」
　→ピアスは母の愛を表すものという文化と日本の伝統的校則との文化衝突
②「せっかくご飯（お弁当）作ってあげたのに残すなんてひどい…」「遠足のお弁当がない？」
　→残すことで感謝を表す中国の文化との衝突
　→中国でのお弁当は暖かいのが常識。冷えたお弁当は食べない習慣と

の衝突

③「授業中他の部屋でお祈り？　どうしたの？　食べ物の好き嫌いが多い？」

④「あの子はなんで元気なのに体育休んでるの？」

　→ラマダン期の日中飲食禁止で運動後に水分が取れないことがある

　→イスラム教徒やその他の宗教との共生のために必要なことを考える

《もう少し外国人として広くとらえるなら》

⑤「外国人ははっきりものを言いすぎる！　もう少し察してよ！」

　「日本人は考えていることがはっきりしない！」

　→空気を読み黙って遠ざけ、調和する日本人文化と外国人との衝突

参考文献

・NHK「ココロ部」外国から来た転校生　http://www.nhk.or.jp/doutoku/kokorobu/?das_id=D0005130137_00000（最終閲覧日 2019 年 11 月 27 日）

・シンガポール教育省（MOA）ホームページ「Cultivating Good Habits for Life Through Everyday Responsibilities」https://www.moe.gov.sg/news/press-releases/cultivating-good-habits-for-life-through-everyday-responsibilities（最終閲覧日 2019 年 11 月 27 日）

・「外国につながる子どもたちの物語」編集委員会（2013）『まんが　クラスメイトは外国人　入門編―初めて学ぶ多文化共生―』明石書店

・宇田川敬介（2015）『どうしてダメなの？「世界のタブー」がよくわかる本』笠倉出版社

・阿門禮（2017）『世界のタブー』集英社

〔コラム③〕自文化中心主義とは何か

　観光や語学学習で多くの日本人が訪れるフィリピンのセブ島では、手を使って食べ物を口に運ぶのが伝統的な食べ方です。主食である米やブガス・マイス（トウモロコシを細かく砕いて炊いたもの）に、肉や野菜のおかずを添えて指先でつまみながら食べます。セブ島で話される言語、セブアノ語ではこうした食べ方をキナモット（kinamot）と呼びます。スペインとアメリカによる長い植民地支配や近代化の影響から、フィリピン社会でも食事の際にフォークとスプーンを使うことはとても一般的になっていますが、農山漁村の一般家庭ではやはりキナモットが最も好まれる食べ方のようです。

　一方、箸やフォークなどの食器を使い食べることを当然と考え、手で食べることは行儀が悪いことだと躾けられた旅行者がこの光景を目にしたらどうでしょうか。その旅行者は、キナモットは不潔で誤った行為であるように感じるかもしれません。極端な場合には、手で食べるフィリピン人は野蛮だ、などとそこに暮らす人々や彼らの文化について性急な判断をしてしまうかもしれません。こうした感情の裏側に隠れている意識に注意を払うと、私達のように食器を使う方が清潔で、行儀よく、より正しい食べ方であり、ひいては私達の文化のほうが彼らの文化よりも優れているのだ、という考えが潜んでいることに気がつきます。

キナモットで昼食を楽しむセブ島の人々（筆者撮影）

　こうした考え方を自文化中心主義と呼びます。自文化中心主義とは、自らが属す文化の価値観や基準に基づいて、他の文化をより劣ったものだと判断する態度のことを言います。この根底には、自らが属す文化は他の文化と比べて、より自然で、美しく、合理的で、優れているという考え方があります。ある文化に属し、生活や教育を通してその文化の中で正しいとされる価値観や基準を学習していく私たちにとって、自らの文化のフィルターを通して他の文化を眺めることは、とても自然な行為とも言えます。また、自文化は他と比べて優れていると信じることは、社会の構成員の結束を促し、価値観などを広く社会で維持していく働きを持つとも言われています。

　その一方で、自文化中心主義は様々な問題を引き起こします。例えば、自文化の観点からキナモットは間違った食べ方だ、などと疑いなしに判断してしまうと、手の使い方の作法（例えば、手のひらは使わない）、直接食べ物に触れる感覚を通した味わいの深まり、その場で醸成される人々の一体感などについて考える余地すら生まれません。このような姿勢では、キナモットがその文化の中で持つ意味や位置づけを読み違えてしまうことになるのです。そして、誤った理解のもと、一つの行為や現象をもとに、ある文化全体に対してネガティブな決めつけ（例えば、野蛮、未熟、劣等）をし、意識的に、あるいは無意識的に自文化に属する集団は特定の他の文化に属する集団よりも優れていると考えることは、人種差別のような偏狭な考え方へと容易に繋がります。

　異文化と出会った際、私達は自文化中心主義にとても陥りやすい存在であるという自覚をもち、安易に判断してしまっていないかを意識することが重要です。

（瀬木　志央）

〔コラム④〕文化相対主義とは何か

　自文化中心主義のコラム③（前頁）では、フィリピンのキナモットという食事の仕方を例に、自らの文化のフィルターを通して見ることの問題点について示しました。自分たちの価値観や基準から、他の人々の行動や習慣を性急に判断してしまうことは、異文化や他者を理解することに繋がりません。これは、例えばオセロのルールをもって囲碁の遊び方を理解しようとしても不可能であるのと同じことです。

　では、もう一歩踏み込んで、そもそも「正しい食べ方」とは何かということを考えてみましょう。私達のように、食事をとる際に食器を使う文化に属する人々だと、食器を適切に使いながら食べることは「正しい食べ方」の重要な要素だと感じます。しかし、こうした考え方は果たして普遍的なものなのでしょうか。世界にはそもそも食器を使わなかったり、私達とは異なる食器の使い方をする文化に属する人々だっています。こうした人々にとっての正しい食べ方は、私達の考え方とは随分異なることは容易に想像がつくことでしょう。そう考えると、正しい食べ方とはそれを考える人々の文化ごとに多様な可能性が存在し、それぞれが正しいとする食べ方はあっても、普遍的に正しい食べ方などというものは存在しないことに気がつきます。

　このように、たとえ私達には驚くような行為であっても、他の文化に属する人々にとっては、彼らの価値観や習慣に基づいた意味のある行為なのだ、という立場に立つのが文化相対主義です。文化はその場所の自然・社会環境と密接に関連しながら歴史を通して育まれたものですので、そこで見られる価値観や習慣を理解するためには、そうした文化の文脈に沿って考える必要があります。たとえ、私達には他の文化の価値観や基準が正しくないと見えたとしても、それは私達が自文化のフィルターを通して見ているからに過ぎず、他の文化ではむしろ正しいことだと考えられているかもしれません。文化相対主義は、文化の多様性や他の文化も自文化と同様に価値のあるものであることを認め、人々の視点に立ちその文化を考える姿勢を求めるのです。

アルビノへの偏見から親に見捨てられたマラウィの赤ちゃん
（Lars Plougmann 撮影）

　では、文化相対主義の立場では、文化の名のもとでおこなわれる行為であれば全て容認されるべきなのでしょうか。世界には様々な理由で人を傷つけることを認める文化もあります。例えば、アフリカ大陸サブサハラ地域の一部には、アルビノと呼ばれるメラニンが欠乏する遺伝子疾患を持った人々は悪運をもたらす呪われた存在だとみなす文化があり、アルビノの人々は出生後に殺されたり差別の対象になったりすることがあります。また、彼らの体の一部には特別な力が宿ると考えられ、薬として利用するために身体的危害を加えられることもあります。文化相対主義の立場が求めるのは、自分がこうした行為を容認できるかどうかという判断は一旦保留し、その行為にはどのような意味付けがなされているのか、なぜおこなわれるのか、そして私達の考え方とはなぜ異なるのか等について考え、その論理を理解しようとする態度です。文化を相対的に理解しようとする試みは、こうした非人道的行為の容認までを求めるものではないことに注意しなくてはなりません。（瀬木　志央）

参考文献

Cruz-Iingo A. E., Ladizinski, B., and Sethi, A. 2011 Albinism in Africa: Stigma, Slaughter and Awareness Campaigns. Dermatologic Clinics 29 (1), pp79-87

❷ 学校で考えよう：合理的配慮と平等

キーワード　ことば　教育　進学

学校のクラスにいる日本語にハンディのある「外国にルーツをもつ生徒」もまた、ともに将来の日本社会を担う構成員である。そんな彼らに対する教育を、私たちの社会はどのように保障していけば良いのか考えてみよう。

全体を通しての留意点

・「日本語にハンディのある子ども」の親は、日本の労働力の一端を支えている人々であることを前提にする方が進めやすいため、「労働」の単元の後にこの単元を実施する方が効果的である。

・外国人であっても日本語にハンディのない人（例えば在日コリアンなど、日本生まれの外国人など）がいることにも留意すること。「外国人＝カタコトの日本語」という、ありがちな外国人ステレオタイプを強化してしまわない配慮が必要である。

・外国籍の生徒がいるクラスでは、そのような生徒が意見を言いやすい雰囲気をつくることが重要である。逆に当事者として無理に思いを語らせない配慮が必要である。

ねらい

・日本語にハンディのある定住外国人の子どもや保護者が学校で直面する課題について理解するとともに、日本の学校をめぐって立場の異なる人々の考えがあることを知る。

・日本に暮らす定住外国人の子どもに対する教育機会の平等な保障とはどうあるべきか、社会参加のための手段としての日本語を保障するために何が必要か、その議論に誰が参加すべきかを考える。

評価の観点

（1）日本語にハンディのある外国人生徒や保護者の背景を理解し、彼らが学校で直面する課題を多面的に理解できる。【知識・技能】

（2）立場の異なる人々の意見を想像しながら表現し、これらの立場の間に生じる対立点を整理しながら、解決のための方策を考えることができる。【思考力・判断力・表現力など】

（3）自分にとって想像するのが難しい「声」、今の日本の学校に届きにくい

「声」の存在に気づき、「みんなにやさしい学校」づくりのために、それらの人々の視点を踏まえたこれからの社会を構想することができる。【学びに向かう力・人間性など】

評価方法　ワークシート（個人）、プロブレムマッピング（グループ）の内容から、評価の観点にそって評価する。

テーマの背景　近年、さまざまなバックグラウンドをもつ外国人が家族を伴って来日し、日本で結婚し家族をつくるなどして定住するケースが増えています。そのような中、地域に暮らし学校に在籍する外国籍の子どもや、日本国籍であっても異なる文化にルーツをもち日本語を母語としない「外国にルーツをもつ子ども」が増加しています。

　下の図を見ると、日本の公立小・中・高等学校等に通う日本語指導が必要な外国人の子どもは、2018（平成30年度）年5月1日現在で40,485人となり、前回調査よりも6,150人（17.9%）増加しています（文部科学省2019年9月発表「日本語指導が必要な外国人児童生徒の受け入れ状況」より）。一方、「日本語指導が必要な日本国籍の子ども」も10,274名います（帰国児童生徒のほかに日本国籍を含む重国籍の場合や、保護者の国際結婚により家庭内言語が日本語以外の場合など）。このように、「外国人（外国籍）」というくくりだけでは異なる文化的背景をもつ子どもを捉えきれない現実があることから、近年は「外国にルーツをもつ子ども／外国につながりのある子ども」という表現がしばしば用いられています。

　来日したばかりの子どもは、自分の母語で読み、書き、話し、聞き、考え

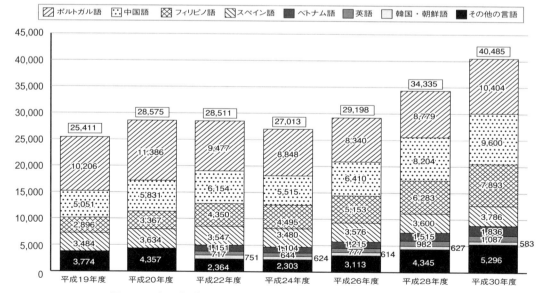

図1　日本語指導が必要な外国籍の児童生徒の母語別在籍状況

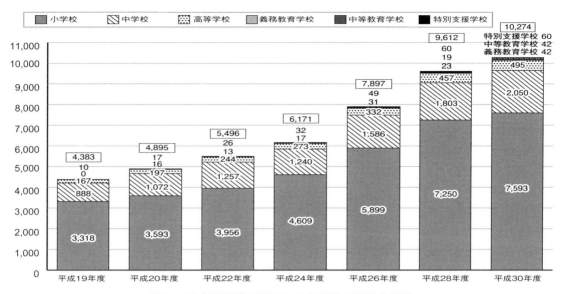

図２　日本語指導が必要な日本国籍の児童生徒数
出典：文部科学省 2019 年 9 月発表「『日本語指導が必要な児童生徒の
受入状況等に関する調査（平成 30 年度）の結果』について」より

ることができても、「日本語で」これらのことを行うことや、授業内容を十
分に理解することは困難です。日常会話レベルの日本語を使いこなせる子ど
もであっても、学習に必要な日本語を習得するためには、相当な努力ときめ
細かな支援が必要です。彼らは「言葉の壁」のほか、なじみのない日本独特
の習慣や、「みんなと同じ」であることや周りに合わせることを期待する日
本の学校文化の中で、周りとは異なる自分の「見た目」、名前が日本風でな
いことなどについてネガティブな反応を受けてストレスを感じることも少な
くなく、それが彼らの自己肯定感や学習意欲にも影響を与えています。結果
として、彼らの「学力」（への評価）は低くなりがちで、高校進学も極めて困
難な状況にあります。外国人の保護者もまた、日本語が十分にできないこと
や日本の学校経験がなく教育制度のことをよく知らないために、家庭で子ど
もをサポートすることや、子どものために学校にアクセスすることが困難と
感じています。このようないくつもの「壁」に直面する外国にルーツをもつ
子どもの中には、その困難さゆえに学校で学ぶこと自体をあきらめてしま
い、不登校・不就学となってしまうケースもあります。

　このような子どもが在籍する学校の支援体制は、地域（自治体）によって
千差万別です。これらの子どもが多く在籍している学校では、日本語支援を
専門とする教員や、子どもの母語が話せる支援スタッフが配置されているこ
ともあります。また学校以外にも、NPO やボランティアグループの学習支
援教室などが地域で学習の機会を提供している場合もあります。しかし、そ
のような環境で学べる子どもばかりではありません（詳しくはコラム⑤「日本

② 学校で考えよう：合理的配慮と平等　　57

の教育行政はどう応じているか」［71 頁］参照のこと）。外国にルーツをもつ子どものいる学校における「平等」とはどうあるべきでしょうか。そのために必要な合理的配慮とはどのようなものでしょうか。

　日本も締約国となっている「経済的、社会的及び文化的権利に関する国際規約」（社会権規約）第 13 条でも、児童（子ども）の権利条約第 28 条でも、子どもの教育を受ける権利は「いかなる差別もなしに」普遍的な基本的人権として「すべての子ども」に保障されるべきものとされています。しかし日本では現在のところ、外国籍の子どもは希望すれば日本の学校に通えるものの、義務教育を課さない方針がとられています。

　しかし、外国にルーツをもつ子どももまた、将来の日本社会を担う構成員です。日本において社会参加するためには日本語が重要な手段になることは間違いないですし、生きていくためには基礎的な学力は必要です。彼らがこれらを身につけないまま日本で生きていくことを黙認することは、彼らの人権を侵害するだけでなく、日本社会全体にとっても大きな損失となります。また、日本とは異なる文化やことばを身につけた外国にルーツをもつ子どもは、グローバル化する世界の中で日本と他国とを結びつけてくれる潜在力を秘めた存在でもあります。日本に暮らすすべての人が多文化共生に向けて必要な力を身につけるためにも、学校の中に多文化共生を実現することは、重要な課題となるのではないでしょうか。

展開

1 時間目「学校で何が起こってる？」

（1）「外国にルーツをもつ生徒」とは？（8 分）

（2）シナリオ「フィリピンから来たクラスメイトのマリアさん」を読む。（5 分）

（3）シナリオ中の学校で起こっている問題を、プロブレムマップ（右の例を参照のこと）で整理する。
　グループワーク①「学校で起こっている問題をプロブレムマップで把握する」（12 分）

（4）解決すべき課題とその優先順位を考える。
　グループワーク②「解決すべき課題は何かを考える」（10 分）

（5）発表とふりかえり（15 分）

用語解説：プロブレムマップとは？

　各自が記入した付箋をグループ化（小グループをつくってから、大グループを作る）し、そのグループにタイトルをつける。関連性の高そうなグループ同士は近づけるなど適宜配置し直し、グループ同士の関係性を線や矢印などで結んだり、説明を書き加えたりして図解化する。

プロブレムマップの一例

<table>
<tr><td>

用語解説：ロールプレイとは？

現実に似た場面で、ある役割を模擬的に演じることで、問題点やその解決法を考える学習法のこと。

</td><td>

2時間目「みんなにやさしい学校」とは？「みんな」とは？

（1）本時のねらいの確認（5分）

（2）「立場カード」を使ってロールプレイ

　　　グループワーク③「ロールプレイで多様な立場を理解する」（20分）

（3）ふりかえりと気づきの共有（15分）

（4）まとめ（10分）

</td></tr>
</table>

<table>
<tr><td>

準備するもの

はダウンロードして利用可能。ダウンロードの方法は26頁参照

</td><td>

設備：机を動かせる教室。あらかじめ1グループ5～6人で机を設置できればベター。

　　パワーポイントを使う場合はパソコンと映写できるプロジェクターなど。

配布物：

1時間目

ワークシート1 （人数分）

シナリオ「フィリピンから来たクラスメイトのマリアさん」 （人数分）

　※添付のシナリオは「関西弁バージョン」だが、使用する地域に応じて生徒が親しみやすい表現に改訂可能。

模造紙（1枚×グループ数）※通常の半分の大きさを一枚とするので十分。

パワーポイントスライド1

ポストイット（1冊×グループ数）

カラーマジック（最低1本×グループ数）

2時間目

ワークシート2およびワークシート3 （人数分）

切り離してある「立場カード」（1組×グループ数）

パワーポイントスライド2

</td></tr>
</table>

学習指導課程

（1）1時間目「学校で何が起こってる？」

時間	学習活動	指導上の留意点
導入 5分	「外国にルーツをもつ生徒」とは？「みんなにやさしい学校」について考える。 （PPTスライド1～5） 	・小・中学校で同様のクラスメイトがいなかったか、自分もそうだった、などの意見を出させて身近なテーマであることに気づかせる。

展開① 5分	5人もしくは6人のグループに分かれ、シナリオ「フィリピンから来たクラスメイトのマリアさん」を役割分担して音読する。 （PPT スライド6）	
展開② 12分	**グループワーク①** **「学校で起こっている問題をプロブレムマップで把握する」**	
	・各自で、シナリオ中で重要だと思うキーワードを各自ポストイットに書きだす（5分）。 ・グループで、KJ法を用いてそれらを整理し、話し合いながら模造紙上に「プロブレム・マップ」としてシナリオで起こっていることをビジュアル化する。 （PPT スライド7-9） 学校で起こっている問題を プロブレムマップで把握しよう！ 1. まずは各自で、シナリオをよく読み、重要だと思うキーワードをポストイットに大きな字でどんどん書きだしてください（1ワードにつき一枚使って大きな字で）。 学校で起こっている問題を プロブレムマップで把握しよう！ 2. 各自が書き出したポストイットを模造紙に貼りながら、グループ化（小グループをつくってから、大グループを作る）し、そのグループにタイトルをつける。 3. 関連性の高そうなグループ同士は近づけるなど適宜配置し直すなどし、グループ同士の関係性を線や矢印などで結んだり、説明を書き加えたりして図解化する。 何が起こっているのか？ 後ほどグループで発表してもらいます	・模造紙、ポストイット、カラーマジックのセットを各グループに配布。 ・作業に入る前に、プロブレム・マップの具体例（PPT スライド9を参照のこと）を少し見せてイメージさせる。但しマップの表し方に正解はなく、多様な示し方が有り得ることを念押しする。 ・模造紙にタイトル「マリアさんの困難」と班の番号を書かせる。
展開③ 10分	**グループワーク②** **「解決すべき課題は何かを考える」**	
	ワークシート1についてグループで次の作業を行う。 ・解決すべき課題を3点に絞って文章化し、問1に記入。 ・解決すべき課題の優先順位を決めてワークシート1の問2に記入。 （PPT スライド10）	・ワークシート1を配布。 ・考えるのは「解決方法」ではなく「解決すべき課題そのもの」であることに注意する。 ・解決すべき課題の優先順位の判断には正解はないが、一定の合理性が求められることを伝える。
発表 10分	グループ発表：学校におけるマリアさんが抱える問題とは？解決すべき課題は何か？ （PPT スライド11）	・プロブレムマップの説明とともに、解決すべき課題がなぜその優先順位となったか説明させる。 ・時間の都合でいくつかのグループのみの発表。次回まで教室に全グループのマップを掲示する。
まとめ 5分	・ワークシート1の「今日の授業についての感想」記入、提出。 ・次回授業の予告	・感想記入の時間を割愛して宿題とするか、グループ発表の時間に当てても良い。

2時間目「みんなにやさしい学校」とは？「みんな」とは？

時間	学習活動	指導上の留意点
導入 5分	・「みんなにやさしい学校」を考えるために「みんなの意見」について考えてみる。 ・本授業の説明 （PPT スライド 1-2） 「みんなにやさしい学校」を考えるために、「みんなの意見」を聞いてみよう。 ↓ **ロールプレイ** 現実に似せた場面で、ある役割を模擬的に演じることで、問題点やその解決法を考える学習法のこと。 課題の解決に向けて、ロールプレイで「みんなの意見」を聞きながら話し合ってみよう！	・前回と同じグループ編成とする。ワークシート1を返却。前回のシナリオも各グループに一枚あると良い。
展開① 13分	**グループワーク③ 「ロールプレイで多様な立場を理解する」** ・場面設定の理解 （PPT スライド 3） **場面設定** ある日、フィリピン人のマリアさんが学校で直面している問題について解決策を考えるために、関係するさまざまな立場の人たちが中学校に集まり、話し合いをすることになりました。 集まったのは、マリアさん、マリアさんの母ジャスミン（通訳付き）、担任の杉谷先生、地域の学習支援教室のスタッフの奥田さん、クラスメイトの麻子（人数によっては＋クラスメイトの春馬）です。 それぞれの立場からの見方、意見を交換し、果たして良い解決策は生まれるでしょうか…？ ・自分の「立場カード」の人物の理解 （PPT スライド 4） **「立場カード」を使ってロールプレイ** ・ 自分に配られた「立場カード」使って、これから設定された場面の中で、その人物を演じながら話し合いに参加してもらいます。 ・ その際、自分に配られた「立場カード」を他の人に見せたり、単に読み上げたりしないようにしてください。 ・ まずは自分の立場カードの情報と、前回のシナリオをよく読んで、その人物の立場や背景を理解してください。 ・ その人ならどんなことを言いそうか？を考えて、ロールプレイに備えて役作りをしてください。	・各グループに立場カードのセット（人数分）を配る。※自分の立場カードを他の人に見せないよう指示するかどうかは教員の判断で。 ・担当するカードの人物の意見や立場が、自分自身のそれと一致していなくても、他者になりきってみて他者の経験や境遇を想像することの重要性を説明する。また、カードの人物の意見や立場について、安易な正・誤の判断をしないように注意する。
展開② 15分	グループで次の作業。 ・ロールプレイで話し合う「解決すべき課題」を一つ選んでワークシート2に記入。 ・場面設定を再度確認し、指定された「立場カード」を使ってロールプレイスタート。 （PPT スライド 5）	・ワークシート2を配布。 ・日本語ができないマリアの母親のジャスミンは通訳が入っている設定で議論してもらう。 ・その人物（他者）を自分なりに解釈して演じるように促す。話し合いの中で、当初の意見や主張が変化してもかまわないことを伝える。

	┌─────────────────────────────────┐ **ロールプレイの手順** 1. 前回ワークシート1の問1に記入した3つの課題の中から、これからロールプレイで話し合う「解決すべき課題」を一つ選んでワークシート2に記入。 2. ロールプレイをスタート! 自己紹介の後、それぞれの言い分、意見を述べたり質問しながら、選んだ課題の解決方法について自由にディスカッションしてください。 **留意点** ※「合意できること」「合意できないこと」は何かを意識しながら話し合ってください。 ※ただし、重要なのは「解決方法にこぎつけること」よりも、それぞれの立場から議論すること自体にあります。 └─────────────────────────────────┘	・「解決方法を考えだすこと」や「合意」にこぎつけることよりも、それぞれの立場から議論することが重要であることを念押しする。「正解」はないため、自由に議論するよう指示する。 ・立場カードに書かれている以上のことは、自分で自由に創作して発言して構わないことを伝える。
展開③ 13分	ロールプレイ終了。 ワークシート2の問1と問2について各自で考え記入(5分)した後に、グループで共有(8分)。	
個人発言 2分	個人の気づき、感想について何名か挙手で発言する。	・発言する際に想像しにくかった立場カードや、他の人の予想もしなかった発言は、少なくとも自分からはとても遠い「聞こえにくい声」だということに気づかせる。
まとめ 10分	「みんなにやさしい学校」の「みんな」とは? 「みんなにやさしい学校」を考える上で、聞かれるべき声は誰の声かを考える。 (PPT スライド6) ┌─────────────────────────────────┐ **今の学校に** **「届きにくい声」は?** 「みんなにやさしい学校」を考える上で、 聞かれるべき声は? その議論に誰が参加すべきですか? └─────────────────────────────────┘	・マリアへの「特別扱い」を不公平だとする意見についても言及し、後述のQ&Aの二番目の回答を参考に「合理的配慮」という考え方について説明する。 ・下記の5点に留意してまとめとする。 1)公教育のあり方や具体的な制度は、これまで変化に応じて変わってきたし今後も必要に応じて自分たちで変えていくもの。 2)外国人に限らず、かつて歴史的に公教育から排除されてきた人たち(貧しい人、女性、障害者)がいた。変えていくプロセスで、様々な立場の人の声を聞く必要がある。 3)意見表明、合意形成のための言語保障にとっても教育は重要である。 4)外国人も「日本社会の構成員」となっている今、社会的包摂の重要な手段である教育という観点から、教育の平等な保障のあり方を改めて考えることが必要になっている。 5)問題の解決のためには、学校の中だけで解決することも、「思いやり」だけでも済まない。制度的、構造的な改革が必要である。 ・本単元のまとめとしてワークシート3を宿題とする。

授業で用いる資料・ワークシート

1時間目

シナリオ「フィリピンから来たクラスメイトのマリアさん」
（関西弁バージョン）

登場人物

麻子（あさこ）：日本人女子中学生

春馬（はるま）：日本人男子中学生

昇（のぼる）：日本人男子中学生

マリア：フィリピン人女子中学生（来日から1年）

• •

ナレーター：ある中学校の放課後。2年A組の教室で麻子、春馬、昇の3人が話をしています。

麻子：今日から三者面談でしょ？　昨夜も進路のこと親と話しててん。気が重いわ。

春馬：俺の親は明日学校に来る予定。そういえばフィリピンから転入してきたマリアのお母さん、さっき廊下で見たで。今三者面談中ちゃうかな。あいつも初めは日本語ができなくて相当苦労してたけど、最近は日本語で日常会話はかなりできるようになってきたよな。

昇：そうやな。でも授業についていけへん、テストで点数取れないって悩んでたで。フィリピンでは成績もトップクラスだったのに、日本に来てからは日本語の授業が理解できないから落ちこぼれになってしまったって。オレやったら心折れるわー。

麻子：でも進学希望なんだよね？　放課後にボランティア団体の教室通って日本語や勉強教えてもらって頑張ってるって言ってたけど。母語のタガログ語や英語はできるのに、たまたま日本にいて、日本語ができないから授業に参加できないとか、学力が評価されないのって…それってなんか不公平ちゃう？

春馬：でも日本で暮らしていくためには日本語は必要やろ？　郷に入っては郷に従えってやつ。そこは外国人の側に頑張ってもらわんと。

昇：そりゃ日本語は必要だし本人の努力も必要やけど、学校とか国もマリアみたいな子が日本語ができるようになるためにもっとサポートしなくていいんかな。今日本の労働力って外国人に頼ってるらしいやん。税金も払ってるわけやし。

麻子：マリアのお母さん、保護者会でもいつも誰とも話さず1人でいるって、うちのお母さん言ってた。子どものために学校来てるのに、何も理解できなかったらマリアのこともサポートできへんやろうし、お母さんもきついんちゃうかな。マリアやって、このまま日本語もきちんとできず、学力も身につかないままやったら…

ナレーター：そこへ、三者面談を終えたマリアが教室に入って来ました。

春馬：あ、マリアやん！　三者面談どうやった？

マリア：うーん…高校進学、今のままだと難しいみたい。進路のこと、先生はいろいろ話したけど、お母さん日本語わからないから、ワタシに通訳してくれって。でもワタシもよくわからないから。お母さんワタシに高校行って欲しい。ワタシも行きたい。どうやって進路決めたらいい？

（おわり）

　　　　　　年　　月　　日　　学年　　　　組　　　　名前：　　　　　　　　　　　　　　班

〈ワークシート1〉

問1　マッピングの結果、マリアをめぐってどのような教育上の「解決すべき課題」が見いだされましたか？3点挙げて、それぞれ文章化して下記の表の右の欄に記入してください。（グループ作業）

問2　上記3つの課題について、グループで話し合い解決すべき課題の優先順位をつけてください。
　　（上の表の左の欄に、1位から3位まで数字を入れる）（グループ作業）

今日の授業についての感想、気づき、疑問点（質問）など自由に書いてください。※優先順位を決める際に、難しかったポイントがありましたか？　あれば書いてください。

2時間目

ロールプレイ用「立場カード」　※切り離して使ってください。

立場カード① フィリピン人女子生徒 マリア

【背景】1年前に両親とともにフィリピンから来日。フィリピンでは成績はトップクラス。母語はタガログ語と英語。家庭内ではタガログ語で会話。日常会話レベルの日本語はある程度できるが授業を理解するのはまだ困難がある。母親よりも日本語ができるので、時々母親のために通訳を請け負うことも。放課後に地域のボランティア教室でも学習支援を受け相当な努力をしている。高校進学を希望しているが、進路情報を正確につかめず、親にも頼れず一人悩んでいる。自分と同じような立場の人が周りにおらず将来に不安を感じている。

杉谷先生もお母さんも、頑張れ頑張れっていうけど、私だって精一杯頑張ってる…それでも勉強難しいのよ。私って本当は勉強できないのかな？一体誰に相談すればいいのかな…。

立場カード② マリアの母親　ジャスミン

【背景】家族のために工場の生産ラインで昼夜を問わず忙しく働いている。日本語を話す機会はほとんどなく、日本人の知人もいない。子どもの教育に関心があるものの、日本語や日本の教育システムのことがわからないために、親として十分にサポートができないことを心の中で申し訳なく思っている。フィリピンでは成績優秀で、日本でも苦労しながらも人一倍努力し、日本語もある程度できるようになったマリアを見て、勉強にもついていけていると考えている。マリアには高校、大学と進学して、将来は安定した仕事について欲しいと考えている。

マリアなら日本語も話せるし大丈夫と思ってたのに、成績が良くないなんて…。マリアにはいい仕事に就いて欲しい。私がマリアのためにできることは、頑張って働くことだと自分に言い聞かせてきたけど…。

立場カード③ 日本人女子生徒　麻子

【背景】海外や国際交流に関心があり、いずれは留学をして将来はグローバル企業でバリバリ働くといった夢をぼんやり描いている。タガログ語や英語ができるマリアを羨ましく思っており、マリアの文化的背景にも興味を持っている。日本語にハンディのあるマリアの力になろうとする一方で、日本語を理由にマリアやマリアの母親が他の人と同じように教育や情報にアクセスできないのは不公平なのでは？と感じ始めている。

お母さんとタガログ語で話してる時のマリアって、日本語話してる時よりずっとイキイキ話してるしカッコよかったな～。日本語だと、歯がゆい思いしてるのかもな。マリアのお母さんも、学校のこと理解してるのかな…。

立場カード④ クラス担任の教師　杉谷

【背景】マリアのことは気にかけているものの、勉強についていけない日本人生徒もいることを思うと、日本語の日常会話はできるマリアを見て、あとは本人の努力次第だろうと考えている。進路指導については、母親はマリアの通訳で必要な情報を得ていると考え、家庭でマリアをサポートすることを期待している。日々の忙しい業務の中で、マリアのために今学校ができることは精一杯していると考えているが、一方で、今の学校の体制ではこのような生徒には十分に手が回らないと感じている。

来日一年じゃ無理もないが、マリアにはもう少し勉強を頑張ってもらわないと高校進学は厳しいな…。他の生徒みたいにもっと親がサポートしてくれたらいいのだが…。

立場カード⑤ 地域の学習支援教室スタッフ　奥田

【背景】この地域で暮らす主婦で、マリアが放課後に通う外国人のための学習支援教室のボランティアスタッフ。補助金や寄付で運営しているため資金面で厳しい状況にある。孤立するマリア親子を気にかけている。授業に必要な日本語は日常会話のそれと異なるため、マリアの支援はまだまだ必要と考えている。マリアから学校の状況や進路の悩みを度々聞いているが、伝聞なのでどこまで正確な情報か量りかねている。学校は通訳を入れるなどして、マリア親子に対して教育とそれにまつわる情報へのアクセスを保障すべきだと考えている。

マリア、お母さんと将来のことちゃんと話せてるのかしら。私たちにできることは精一杯やっているけど、限界もある。マリアには教育を受ける権利があるのに、こんなボランティア頼みでいいのかしら…。

立場カード⑥ 日本人男子生徒　春馬

【背景】マリアとそれほど交流が無いので、状況をよく知らず、マリアの日本語が上達したのは、滞在期間によるもので自然なことだと思っている。マリアの現状には同情するものの、マリアと母親については、そもそも日本語ができないのになぜ日本に来たのだろう？と素朴な疑問を感じている。基本的に外国人は、日本に来たのなら自力で日本語を学ぶ努力をすべきであり、学校がマリアにそのための支援をすることは「特別扱い」であって不公平だと感じている。

マリアも大変だろうけど、俺だって勉強キツいんだぜ。外国人だからって特別に面倒見てもらえるなんてちょっとずるい気がする。自己責任じゃないのかな？

（イラスト：じゅーぱち）

年　月　日　学年　　　組　　　名前：　　　　　　　　　　　　　　班

〈ワークシート２〉

ロールプレイで話し合う「解決すべき課題」は？

```

```

問１　立場カードを使ってその人の立場で発言する際に、何か気づいたことはありましたか？

問２　これから「みんなにやさしい学校」づくりを考える上で、あなたは誰の声を聞くことが重要だと考えますか。

年　月　日　　学年　　　組　　　名前：　　　　　　　　　　　　　　班

〈ワークシート 3〉

問1　グループでのディスカッションで「合意できたこと」はどんなことでしたか？

問2　グループでのディスカッションで「合意できなかったこと」は？意見の対立のポイントは何でしたか？

問3　「みんなにやさしい学校」のために、どのようなサポートや制度の改革が必要だと思いますか。

ふりかえり（前回と今回の授業含めての全体の感想、気づき、疑問など）

Q1　シナリオの春馬くんの意見「郷に入っては郷に従え」にも一理あるのではないでしょうか？

A1　この格言は、「入っていく側（少数派）」が「受け入れる側（多数派）」の社会で生き抜いていく術、心構えとしては、確かに一理ある言葉です。しかし、これを「受け入れる側（多数派）」が「入っていく側（少数派）」に向かって安易に使い、少数派の方にだけ一方的に変わる（多数派のようになる）ことを強いる言葉として使う場合、それは異なる文化を否定する差別的な考え方と結びつくこともあり、結果として公正さを欠く不平等な社会をもたらす危険性があります。ただし、同じ社会で共生していくためには、一定の共通のルールが必要であることは間違いありません。「全ての違いは受け入れるべきなのか」という点についても議論の余地があり、多くの国でも実際にどのような多様性を尊重しどのような共通性をめざすのか、まだまだ模索の段階にあるのが現状です。重要なことは「対話を通じて双方が変わる」という視点なのではないでしょうか。

Q2　学校ではすべての生徒は平等な扱いを受けるべきではないでしょうか。シナリオ中のマリアさんのような生徒に対する「特別扱い」は不公平であって、かえって日本人生徒への逆差別になりかねないのではないでしょうか？

A2　「平等＝同じ扱いをすること」と考えると、異なる扱いをすることは「特別扱い＝不平等」と捉えることは日常的に少なくありません。しかし、実はこのような考え方がフェアに機能するのは、その集団の人々が「同質」で同じ状況にある時だけに限られます。異なる文化をもつことで、その社会に参加するためのスタートラインに立てていない人々に対しては、当然のことながらスタートラインに立つためのしかるべき「特別扱い（異なる配慮＝合理的配慮）」が必要です。このような考え方は「平等（equality）」に対し、「公正（equity）」と呼ばれています。もちろん、このような合理的配慮を必要とするのは、外国人生徒だけではなく、経済的な事情をもつ人、障害をもつ人、性的指向性が多数派とは異なる人など、実はさまざまな状況の人にも当てはまります。なぜなら、私たちの社会は多数派である日本人や、一定の収入を得られている人、健常者、性的多数派を中心にデザインされていることが多いからです。私たちが「平等＝同じ扱いをすること」と考えてきたのは、もしかすると、これまでは「みんな同じ」だと勝手に思い込んできたせいなのかもしれません。

Q3　立場カードに登場する担任の杉谷先生が、マリアさんやマリアさん

の母親に対してもっと親身になって助けてあげれば、多くの問題は解決するのではないでしょうか？　杉谷先生は、マリアさんの問題に対して消極的すぎる気がします。

A 3　まず杉谷先生は、（1）マリアの今の日本語能力でも問題ないと考え、（2）母親はマリアをサポート可能と考えている2点において、誤った認識があるようです（その理由については「テーマの背景」を参照のこと）。ただ、これらの誤解が解けたとしても、杉谷先生や学校だけでこの問題を解決することは現状では困難かもしれません。日本の学校教員は極めて多忙な労働環境にあると言われているからです。中学校で言えば、残業時間がいわゆる「過労死ライン」とされる月80時間を超える教員は6割に達していると指摘されます（2018 朝日新聞デジタル）。国際的に見ても、日本の教員の勤務時間はOECD調査に参加した48カ国中最も長く、参加国平均よりも17.7時間長く、事務作業は平均の2倍を超え、課外活動（部活動）の指導も平均を大きく上回っています（2019 日本経済新聞）。これでは、どんなに気持ちはあっても杉谷先生がマリアの問題に今以上にコミットできないのは無理もありません。学校がマリアさんのような生徒にきめ細やかな対応をするためには、国が率先して各学校の教員数を増やし、教員の労働環境を改善することも同時に行っていかなくてはなりません。また学校単独で解決しようとせず、地域の支援団体や市民などとも連携しながら取り組んでいく必要があるでしょう。

（野崎　志帆）

参考文献

朝日新聞デジタル（2018年10月18日）「過労死ライン超えの教員、公立校で半数　仕事持ち帰りも」https://www.asahi.com/articles/ASLBL5F94LBLUTIL031.html（2019年8月14日閲覧）

文部科学省（2019）「『日本語指導が必要な児童生徒の受入状況等に関する調査（平成30年度）』の結果について」http://www.mext.go.jp/b_menu/houdou/31/09/1421569.htm（2019年11月24日閲覧）

日本経済新聞（2019年6月19日）「教員の仕事時間、小中とも最長　OECD調査」https://www.nikkei.com/article/DGXMZO46302250Z10C19A6CR8000/（2019年8月14日アクセス）

〔コラム⑤〕日本の教育行政はどう応じているか

1. 教育機会の保障は？

　現在のところ、外国籍の子どもは希望すれば日本の学校に通えますが、日本は外国籍の子どもに義務教育を課さない方針をとっています。その理由は、日本の教育基本法における教育の目的が「国民の育成」にあるためだとしています。そのために、日本で暮らす子どもの教育保障の形は、国籍によって大きな違いが生まれています。就学年齢に達した日本国籍の子どもであれば、不就学を防ぐために罰則も含む「就学通知」が制度化されていますが、外国籍の子どもの場合、住所がわかれば「就学案内」が送られるものの（要望があれば「恩恵」として就学を認めるもの）、就学年齢であっても不就学を放置してしまう状況を生んでいます（丹羽　2017）。文部科学省（以下「文科省」）が2019年に初めて実施した就学状況等調査によると、日本に住む小中学校の就学年齢にある外国籍の子ども約2万人が就学していない可能性があること、外国人の子どもがいる家庭に就学案内を送っていない自治体が4割近くもあることがわかりました（文部科学省　2019a）。また自治体によっては、受け入れ態勢の不備を理由に子どもの就学を断っている例さえあるようです。

2. 学びへの参加の保障は？

　文科省は2014年4月から、日本語指導が必要な児童生徒に対する日本語指導を学校の正規の課程として位置づける「特別の教育課程」を実施しています。また、日本語指導が必要な児童生徒18人に対し担当教員1人を増員する措置をとっていますが、実際には日本語指導を必要とする子どもの在籍数を「5人未満」とする学校が7割以上を占め、学校から日本語教育が必要と判断されたにもかかわらず、2割以上が上記の特別な指導を受けられていません。その背景には、「日本語指導を行う指導者（担当教員、日本語支援指導員など）がいない」「教育課程の編成が困難」「個別の指導計画の策定や学習評価が困難」などの理由があるようです（文部科学省　2019b）。

3. 長期ビジョンに立った教育政策の新たなデザインを

　随分前から問題は認識されていたにもかかわらず、日本で教育を受けるのは「日本語を話し日本文化を身につけた日本国民のみである」という前提を変えずに教育行政が行われてきたこと、また対応を自治体まかせにし、国として一貫した方針を示してこなかったことに最も大きな問題がありそうです。外国にルーツをもつ児童生徒をあくまでも例外的な存在と位置づけ、決して十分とは言えない付加的な措置がとられてきましたが、言い換えれば、それは従来の日本の教育システムを大きく変更しないですむ場当たり的な対応だったといっても過言ではないでしょう。しかしその裏で、外国につながる子どもと現場の教員の側に努力と頑張りを強い、負担を押しつけてきた側面は否めません。日本は長期的な視点に立ち、日本に暮らす外国人や多様な背景をもつ日本国民を想定した新たな教育政策の枠組みを、国レベルでデザインしていかなくてはならないのではないでしょうか。

（野崎　志帆）

参考文献

丹羽雅雄（2017）「教育を受ける権利と就学義務」荒牧重人・榎井縁・江原祐美ほか編『外国人の子ども白書―権利・貧困・教育・文化・国籍と共生の視点から』明石書店、108-110頁

文部科学省（2019a）「外国人の子供の教育の更なる充実に向けた就学状況等調査の実施及び調査結果（速報値）について」http://www.mext.go.jp/b_menu/houdou/31/09/1421568.htm（2019年9月27日アクセス）

文部科学省（2019b）「「日本語指導が必要な児童生徒の受入状況等に関する調査（平成30年度）」の結果について」https://www.mext.go.jp/content/1421569_002.pdf（2019年9月27日アクセス）

〔コラム⑥〕子どもの支援事例〜とよなか国際交流協会〜

　大阪府豊中市は人口約40万人、うち外国人が約6000人（2019年11月現在）です。多文化共生の地域づくりの拠点として市が設置したとよなか国際交流センター（指定管理者として公益財団法人とよなか国際交流協会が運営）には様々な子どもがやってきます。

　来日間もない子、日本での生活が長い子、母国と日本を行き来する子、中には日本で生まれ育ち、母国に行ったことがない子もいます。両親とも外国人、国際結婚など家族も多様です。また、子どもによって日本語や母語のレベルもちがいます。状況は多様ですが、日本社会の中で外国にルーツを持つことを否定されずに、自分のままで居られる場所は少ないのが現状です。

　あるブラジルルーツの子どもは学校で友だちに「宇宙人」と言われました。日本語や勉強が分からないだけでなく、周りと言葉、文化、見た目がちがうことでいじめられたり、窮屈な思いをしたりすることがあります。また、日本社会の中で自分のルーツがプラスに評価されないことを察知し、必死に日本社会に溶け込もうとする中で、母語を忘れていく子もいます。その結果、自分のルーツや親をネガティブにしか受け止められなくなったり、仕事や子育てに追われ、なかなか日本語が上達しない親と通訳なしに深い会話ができなくなったりすることもあります。

　とよなか国際交流協会では2007年から毎週日曜日の午後に「学習支援サンプレイス」という活動を行っています。大学生、大学院生のボランティアが参加し、外国にルーツをもつ子どもたちと卓球やゲーム、おしゃべり、勉強などをして過ごします。また、自分のルーツについて語り合うこともあります。子どもにとって学校も家も大事ですが、どちらでも自分らしくいられない、どこか居心地の悪さを感じる子どもも多いです。年が近く、お兄ちゃん／お姉ちゃんのような存在のボランティアや似た境遇の子など「ピア」との出会いは安心感につながり、大きな支えになります。

　また、2006年からは子とのつながりに不安を持った親の声を受けて「子ども母語」という活動を始めています。月2回と回数は限られますが、母語（スペイン語、中国語、タイ語、ポルトガル語）の学習を通じ、ルーツを大切に考えることや同じ境遇の仲間とつながる機会を設けています。講師は外国ルーツの若者で、言葉や文化以外に自分の経験なども伝え、「ロールモデル」としての役割も果たします。外国人の散在地域では自分の一歩先を行くロールモデルは貴重な存在です。

　一方、親も大変さを抱えています。「（子のいじめは）ショックだけど、先生に何をどう言ったらいいか分からない」「本当は勉強を教えてあげたいけど、日本語が難しくて分からない」など学校

「学習支援サンプレイス」で活動している様子

への関わり方や日本での子育てに難しさを抱えることがあります。困りごとの相談、日本語・日本社会や教育制度について学ぶ機会、地域住民とつながる機会など、親の孤立を防ぐ取組も必要です。

　外国にルーツをもつ子どもたちにとって、日本語指導や教科学習等の支援は必要ですが、それと同時にピアやロールモデルとの出会い、自分のままでいられる安心できる居場所、そして親のサポートなどを進めることを大切に、多文化共生のまちづくりに取り組んでいます。　　（山野上　隆史）

部屋探しで考えよう：ステレオタイプと偏見

キーワード ステレオタイプ　偏見　住居拒否

外国人が日本で住居の賃貸契約をする場合、外国人に対する偏見や差別によって契約を拒否されることがある。これからより多くの外国人が学習や労働のためにやってくる中、この問題について考えてみよう。

全体を通しての留意点　高校生の多くはまだ賃貸契約に触れることが少ないため、専門用語をできるだけ用いず、わかりやすい言葉で授業を進める配慮が必要である。

ねらい
・「外国人入居拒否」の現状と課題について理解するとともに、外国人に対する固定的な見方に気づく。
・日本において、すべての住民が安心して暮らしていくために何が必要で、そのためにどのような働きかけができるかについて議論することを通じて、「主権者」とはだれかについて考える。

評価の観点
（1）基本的人権の概念を踏まえつつ、ステレオタイプ・偏見・差別の概念とその問題点について理解し、社会の仕組みを改善する方策を考えることができる。【知識・技能】
（2）偏見や差別について多角的な視点をもって課題を分析・判断し、異なる意見によって生じる対立点を整理し、合意できる案を提案できる。【思考力・判断力・表現力など】
（3）社会問題の解決や現状の改善に向けて、積極的に社会に参画しようとする。【学びに向かう力、人間性など】

評価方法　ワークシートの記入内容から、評価の観点にそって評価する

テーマの背景　誰もが適切な住居に居住することができる権利は「居住の権利」とよばれ、基本的人権として認められています。1948 年に第 3 回国連総会で採択された世界人権宣言の第 25 条は、全てのひとに、十分な生活水準を維持するための居住の権利を認めています。同宣言の内容を基礎として条約化した

「経済的、社会的及び文化的権利に関する国際規約（社会権規約）」は、適切な水準の住居に居住し、さらにより良い居住環境を求める権利を全てのひとに認めています。しかしながら、政府が社会権規約を批准しているにもかかわらず、日本社会ではいまだに人種や国籍などを理由にした住居差別や居住権の侵害がめずらしくありません。

① 本調査は、2016年11月14日から12月5日に実施された。全国37市区に在留する18歳以上の、日本国籍を有しないが適法に一定期間以上日本で生活している人（無国籍者を含む。観光などの短期滞在者は除く）を対象に、自記式調査表を郵送で配布し、郵送で回収した。有効回収数は4,252人で回収率は23.0%だった。

2017年3月に法務省が公表した調査①によると、過去5年間に日本で住む家を探した経験のある外国籍の住民のうち39.3%は、「外国人であることを理由に入居を断られた」経験があると回答しています。また26.8%は「『外国人お断り』と書かれた物件をみたので、あきらめた」と回答しています。また、外国籍であることを直接の理由にしないとしても「日本人の保証人がいないことを理由に入居を断られた」と回答したのは41.2%にのぼります（法務省「外国人の人権を尊重しましょう」）。

ではなぜ不動産仲介業者や家主は、外国人と契約を結ぶことをためらうのでしょうか？　同調査で、なんらかの住居差別の経験があると答えた外国人のうち、日本語での会話がほとんどできないのは8％程度です（法務省「外国人の人権を尊重しましょう」）。つまり、コミュニケーションが十分にとれないといった実務的な理由から契約を結ぶことを断られているのは一部にすぎず、大部分は外国人に対するステレオタイプや偏見が背景にあることがうかがわれます。

ステレオタイプとは、メディアなどによってある集団の中で共有された固定的な観念やイメージのことで、その多くは善悪や優劣などの価値評価を伴います。ステレオタイプは、偏見——ある集団や個人に対して確かな根拠がないにもかかわらず極端に悪い見方をすること——に転化することがあるので、注意しなくてはいけません。今日の日本では、テレビやインターネットなどのメディアを通じて、特定の民族やエスニック集団に対するステレオタイプが日常的に生み出されています。それらに対して批判的な見方ができずに、特定の民族集団に対して「○○人はうるさい」といったステレオタイプで個人を評価したり、外国人一般に対して「トラブルを起こすのではないか」といった漠然とした不安を抱く人は少なくありません。

外国籍の住民の方が近隣とのトラブルが多いことを示す客観的な証拠はありません。仮にある国籍の外国人が近隣トラブルを起こしたことを見聞きしたとしても、それは同じ国籍出身の別の個人を差別してもいい理由にはなりません。

居住の権利は、国籍や出自にかかわらず、あらゆる人に認められる基本的人権です。ステレオタイプや偏見によって、その基本的人権が侵害されてはいけません。さらに、日本語で十分にコミュニケーションがとれない住民の

居住の権利も保障されるように、日本政府や地方自治体がより積極的に施策を講じることが期待されます。

参考文献
法務省「外国人の人権を尊重しましょう」http://www.moj.go.jp/JINKEN/jinken04_00101.html（2019年12月1日閲覧）

展開　1時間目「住居拒否の現状と課題」

（1）ねらいの確認（5分）

（2）動画「オウ君の部屋さがし」の視聴（15分）
　　　https://youtu.be/DGOisUemUHg

（3）グループワーク「家主の見方の根っこにあるもの」
　　　（15分）

（4）ふりかえり（15分）

2時間目「外国人入居拒否の問題に対して、市民として何ができるのか？」

（1）ねらいの確認（5分）

（2）「外国人入居拒否の問題に対して、市民として何ができるのか？」記入
　　　（15分）

（3）「外国人入居拒否への対応」15分）

（4）ふりかえり、動画「ＫＦＣ金宣吉氏のお話」の視聴（15分）

準備するもの　1時間目　動画再生機器、ワークシート1 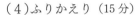、色ペン

はダウンロードして利用可能。ダウンロードの方法は26頁参照　2時間目　動画再生機器、ワークシート2、色ペン

学習指導過程

（1）1時間目（レクチャー）

時間	学習活動	指導上の留意点
導入 5分	ねらいの確認 〈ワークシート1〉問1を記入	・ねらいは日本人が外国人に対してどのような不安を持っているのか、またそれは何にもとづいているのかを考えることだと伝える。 ・外国人観光客増加にともなって「民泊」が解禁され、報道では、外国人と住民とのトラブルが懸念されていることにふれる。 ・これからも多くの外国人とともに暮らしていく社会を、「市民」としてどのようにして築いていくかを考えさせる。

展開 （1） 15分	動画「オウ君の部屋さがし」	
	動画「オウ君の部屋さがし」（7分15秒）を視聴する。  動画を視聴しながら〈ワークシート1〉問2を記入。 動画を視聴後、〈ワークシート1〉問3を記入。 ①外国人が入居することで、家主はどのようなトラブルが起きると想像しているか ②家主は外国人に対してどのようなイメージを持っているか	必要に応じて〈ワークシート1〉問2の答え合わせをする。 ・問3は、寅田さんの発言とともに、問1の自分の意見をふまえて考えさせる。 ・資料①②をもとに、入居拒否4割の理由に外国人は日本人の保証人がいないことがあること、被差別の相談は1割にとどまることをおさえる。
展開 （2） 15分	「家主の見方の根っこにあるもの」についてグループで議論	
	グループ分け（4人～5人で1グループを作る） 1）家主が外国人に対して何に不安を感じていたり、どのようなトラブルが起こることを予想しているのか 2）家主が外国人に対して、どのようなイメージをもっているのか。また、そのイメージはどのような情報から得たものか	論点1）と2）を板書する。 ・資料③をもとに、「高齢者入居拒否」も少なからずあることをふまえつつ、外国人の入居拒否との違いを明確にし、外国人に対するステレオタイプをあぶりだす。 ・時間に余裕があれば、次のことも議論させる。「外国人に対する偏見を自覚しつつ、他の住民と住みよい環境を作るために、どのようなことが必要」 ・他のメンバーの意見で関心があることについて、ペンの色を変えて問3の欄に書き加えさせる。
まとめ 15分	各グループでふりかえりを行い、気づいたことについて、いくつか発表する。 〈ワークシート1〉問4を記入	・入居拒否の背景にある偏見や差別について考えさせる。 ・テーマの背景（本書73～75頁）を配付し、読ませるのもよい。

（2）2時間目（ワークショップ）

時間	学習活動	指導上の留意点
導入 5分	前時のふりかえり ねらいの確認	・前時は、家主の偏見について学んだことを振り返る。 ・前時と時間があいている場合は、もう一度動画「オウ君の部屋探し」をみせるのもよい。

展開 （1） 15分	<div style="text-align:center">**外国人入居拒否の問題に対して、市民として何ができるのか**</div>	
	〈ワークシート2〉問1を記入。 ①オウ君とナオさんは、大家を説得するとして、どのような方法があるか、またどのようなサポートがあると心強いか ②オウ君とナオさんは、別の物件探しをするとして、どのような方法があるか、またどのようなサポートがあると心強いか ③外国人入居拒否問題を解決するために、どのようなルールや制度をつくるとよいか	〈ワークシート1〉をふりかえらせて考えさせる。 ①〈ワークシート1〉をもとに、大家が不安に思うことをどのように解消するのか、そのために誰の助けが必要かを考えさせる。 ②〈ワークシート1〉をもとに、どのような困り事があり、そのための対策は何がよいかを考えさせる。 ③生徒が考えたルールや制度に対して、何が壁となるかを考えさせることで問題を深めさせる。
展開 （2） 15分	<div style="text-align:center">**「外国人入居拒否への対応」についてグループで議論**</div>	
	〈ワークシート2〉問1をもとに外国人入居拒否に対する行動についてグループで議論 グループ分け（4人～5人で1グループを作る） ・意見の共有 ・具体的提案を協議 気づいたことを〈ワークシート2〉問2を記入	・他の生徒の意見で関心があることについて、ペンの色を変えて問1の欄に書き加えさせる。
まとめ 15分	各グループでふりかえりを行い、気づいたことについて、いくつか発表する。 動画「KFC金宣吉氏のお話」（4分）を視聴する。  〈ワークシート2〉問3を記入	・動画「KFC金宣吉氏のお話」は「オウ君の部屋さがし」の後に続く動画である。 ・直接的な行動（署名集めや陳情・請願書、デモなど）や間接的な行動（住民投票など）があることも紹介する。 ・話し合いをする場の設定も大事であることを、川崎市「外国人市民代表者議会」（コラム⑳参照）の例などを紹介する。 ・時間に余裕があれば、全体に向けて問4の内容を数名に発表させる。

授業で用いる資料・ワークシート

___年 ___月 ___日 ___学年 ___組 ___番 名前_____ ___班

部屋探しで考えよう：ステレオタイプと偏見 〈ワークシート1〉
「住居拒否の現状と課題」

問1 日本語や日本の文化をあまり知らない外国人があなたの近所に引っ越してきたとして、あなたやあなたの家族が不安に感じることを記入しよう。

_____

_____

動画を見よう！

https://youtu.be/DGOisUemUHgc

問2 動画を視聴して、現在のしくみでどんな困ったことがあるのかをまとめよう。

だれ	どんなこと	どのように

1.（　　オウ君　　）が（　　　　　　　　）のために、（　入居拒否されて　）困っている
2.（　　ナオさん　　）が（　　　　　　　　）のために、（　　　　　　　　）困っている
3.（アンドリューさんとマイケルさん）が（　　　　　　　　）のために、（　　　　　　　　）困っている
4.（虎猫不動産屋 寅田さん）が（　　　　　　　　）のために、（　　　　　　　　）困っている

問3 動画に登場しない家主は、どのようなことについて不安を感じているでしょうか？　虎猫不動産の寅田さんの発言をもとにまとめよう。

1．外国人が入居することで、家主はどのようなトラブルが起きると想像していますか？

_____

_____

_____

2．家主は外国人に対してどのようなイメージをもっていますか？

_____

_____

_____

問4 出会ったこともない外国人に対して、私たちは少ない情報や偏った情報からイメージを作ってしまうことがしばしばあります。そうならずに、私たちが外国人と一緒に住みよい環境を作るために、どのようなことが必要でしょうか？　考えたことをまとめよう。

_____

_____

_____

部屋探しで考えよう：ステレオタイプと偏見 〈ワークシート2〉
「外国人入居拒否の問題に対して、市民として何ができるのか？」

問1 オウ君への入居拒否に対して、自分の意見を記入しよう。

1．オウ君とナオさんは、家主を直接説得するとして、どのような手段やサポートがあると心強いですか？

_____

_____

_____

2．オウ君とナオさんは、別の物件探しをするとして、どのような手段やサポートがあると心強いですか？

_____

_____

_____

3．外国人入居拒否問題を解決するために、どのようなルールや制度をつくるといいですか？

_____

_____

_____

問2 問1で書いた内容を、グループで話し合いましょう。他の人の意見で気づいたことをまとめよう。

_____

_____

_____

問3 この授業を受けて、あなたが感じたことや気づいたこと、学びになったことを記入しよう。

_____

_____

_____

資料① 「外国人『入居断られた』4割　法務省調査、就職拒否も25%」

「過去5年間に日本で住居を探した2044人のうち、外国人であることや、日本人の保証人がいないことを理由に入居を断られた経験がある人は、それぞれ約4割だった。」

「一方、差別を受けたときにどこかに相談したことがある人は全体の約11%。法務局の人権相談窓口を知っている人も約12%にとどまった。」

共同通信社配信、『日本経済新聞』2017年4月5日付より抜粋

資料② 「外国人入居拒否 法務局、人権侵犯認めず　アパートの『外国人不可』仲介の大学生協は謝罪」

「入居を希望した京都市のアパートが『外国人不可』のため、賃貸契約できなかった欧州出身の20代の留学生が、法務省の京都地方法務局に外国人差別だとして救済措置を求めたところ、法務局は『人権侵犯の事実があったとまでは判断できない』と退けた。」

「不動産相談窓口でアパートを仲介した龍谷大（本部京都市）の生協は留学生に謝罪し、『外国人不可』の物件紹介を中止。大学側も生協に改善を促した。留学生の支援者らから、法務局の対応を疑問視する声があがっている。」

「だが、留学生は『多くの日本人はこれが差別だと思っていないのではないか。法的拘束力もない啓発だけで再発が防げるのか』と疑問を投げかけ、『日本文化を学んで成長の機会を得られたが、この問題では傷ついた』と振り返った。」

「龍谷大生協の堂免裕子専務理事は、家主側は部屋を外国人に貸すことに『漠然とした不安』を感じているとみている。今回の問題をきっかけに、『外国人不可』の賃貸住宅の仲介をやめた。最近は、未払い家賃の補償制度や生活習慣をめぐるトラブルへの対応を、家主側に丁寧に説明しているという。堂免さんは『大学はいろいろな人を受け入れる。留学生に限らず多様性（ダイバーシティ）という観点が重要だ』と話す。」

「外国人差別問題に取り組む師岡康子弁護士は『留学生に対し家主が契約の段階で断るといった行為がないと［法務局は］人権侵犯には当てはまらない、と考えているのではないか』と推測する。」

「日本政府は、『人種差別撤廃条約』に加入し、政府は差別を禁止し終わらせる義務を負っている。だが人権団体の間では「実行が不十分」という見方が強い。師岡氏は『条約に合致するよう、あらゆる差別行為を禁じる人種差別撤廃法をつくるべきだ』と訴えている。（沢康臣）」

共同通信 2015年3月30日付より抜粋

資料③ 「高齢者の入居、『拒否感』7割 －家主、滞納や死亡事故懸念－」

民間賃貸住宅の貸し借りで、家主の約7割が高齢者の入居に抵抗があると感じていることが1日までに、国土交通省の調査で分かった。家賃支払いや室内での死亡事故への不安などを挙げるオーナーが目立つ。同省は「住まいの確保を支援する仕組みが必要」として、自治体やNPO法人などに情報提供や相談に乗る支援組織の設立促進など体制整備を急いでいる。

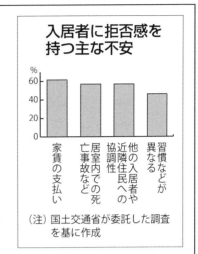

入居者に拒否感を持つ主な不安

（注）国土交通省が委託した調査を基に作成

調査は国交省が2015年12月に日本賃貸住宅管理協会（東京・中央）に委託して実施。協会は加盟する管理会社308社を通じて家主約27万人に対し、入居者に対する意向や掲げる借り主の入居条件を調べた。

調査結果によると、「高齢者の入居に拒否感がある」と回答した家主は70.2%。同省によると、入居は拒否していないものの、審査を厳しくする家主もいるという。

8.7%は「単身高齢者の入居を拒否している」と回答、「高齢者のみの世帯の入居を拒否している」と回答した家主も4.7%いた。

高齢者などの入居について拒否感や実際に拒否している理由（複数回答）としては「家賃の支払いに対する不安」が61.5%と最多で、「居室内での死亡事故などに対する不安」が56.9%と続いた。国交省安心居住推進課は「特に単身高齢者の場合は保証人の確保や死亡後の遺品整理などで手間がかかると感じている家主が多い」と指摘する。

国交省は高齢者や障害者など住宅確保が困難な人々の入居を円滑にするため、自治体と不動産関連団体、NPOなどでつくる「居住支援協議会」の設立を各地の自治体などに呼びかけている。

同協議会は07年に住宅セーフティーネット法に基づき制定され、住宅の情報提供や相談業務のほか、買い物などの生活支援サービスを担う。同省は20年度までに市町村単位でのカバー率100%を目指しているが、3月末時点でのカバー率は約3割にとどまっている。

同省は11年度から協議会の運営や活動支援のため年1千万円を上限にした助成金制度を開始。今年4月には先進地域での取り組み事例や、住まい探しが難しい人が抱えている課題への対応策などをまとめたガイドブックを作成し、各自治体や不動産関連団体に配布し始めている。

安心居住推進課は「協議会の概要についての周知不足が設置の遅れを招いた面もあった。設置済みの協議会でも会ごとでサービス面に差があり、質の向上を呼びかけていきたい」と話している。

『日本経済新聞』2016年8月1日付

Q１　外国人専用の住居をつくり、そこに住んでもらったらいいのではないですか？

A１　外国人といっても、言葉や宗教、文化的背景が異なる人々をひとくくりにするのは乱暴な議論です。また、チャイナタウンやリトル・イタリーのように同じ民族の集住する地域を形成する例もありますが、住み分けが進み他の集団との交流が減っていき、不信感や軋轢を生むことがあります。外国人が住みたい地域のルールに従って生活することが一端は求められますが、住民は地域の構成員の変化に合わせて、ルールを主体的に変える努力も必要になっています。

Q２　外国人の住居問題について、自治体等の行政がもっと積極的に動いてくれないのですか？

A２　住居にかかわる契約は基本的に私人間（しじんかん）における取り決めとなるため、行政が強制力をもって介入することはできません（民事不介入の原則は警察だけでなく、広く行政一般に適用されます）。しかし、合理的理由がない賃貸拒否を防ぐために、行政は自治体の発行する外国人向け生活ガイドブックを用意したり、ゴミ出しのルールなどを守ってもらうことなどによって、理解を促すよう働きかけることも必要です。例えば東京都では、東京都住宅基本条例第15条に、「都は、高齢、障害、国籍等の理由により民間賃貸住宅への入居の機会が制約されることがないよう賃貸人その他の関係者に対する啓発に努めるものとする」と定め、不動産業者の研修などを通じて啓発を実施しています。また、大阪府では、2019年7月5日に大阪府住宅供給公社と大阪府国際交流財団が連携協定を締結しました。外国人の暮らしに対する不安解消のために、（１）居住の安定確保に関すること、（２）生活情報等の多言語支援に関すること、（３）国際交流に関すること、（４）PRに関することで両団体が協力していくことが確認されました。今後増加する外国人の安定的な住居確保のために、このような取り組みが各地で増えることが望ましいと考えます。　　　　　　　　　　　　　（窪田　勉　＊テーマの背景：松田　ヒロ子）

参考文献

公益財団法人人権教育啓発推進センター（2017）『平成28年度法務省委託調査研究事業　外国人住民調査報告書：訂正版』

稲葉佳子（2005）「外国人の民間賃貸住宅入居支援策に関する考察」『都市計画論集』40(2)、63-70頁

―――（2016）「多文化共生社会における居住支援の取り組み」『日本不動産学会誌』30(2)、73-77頁

大阪府「知っていますか？―宅地建物取引業とじんけん―」http://www.pref.osaka.lg.jp/attach/5100/00000000/H29takkenngyoutojinnkenn.pdf（2019/06/28）

NHK「賃貸住宅に入居できない高齢者 大家の不安をどう和らげるか」https://www.nhk.

or.jp/shutoken/miraima/articles/00745.html（2019/06/28）

R65 不動産ホームページ　http://r65.info/（2018/05/10）

川崎市ホームページ「外国人市民代表会議」http://www.city.kawasaki.jp/shisei/category/60-7-2-0-0-0-0-0-0-0.html（2019/06/28）

東京都総務局人権部「外国人への住宅の賃貸拒否」http://www.soumu.metro.tokyo.jp/10jinken/tobira/info/040 6.htm（2019/06/28）

大阪府住宅供給公社・公益財団法人大阪府国際交流財団 Press Release　https://www.osaka-kousha.or.jp/x-whatsnew/pdf/PressRelease_2019-07-08.pdf

〔コラム⑦〕神戸定住外国人支援センター（KFC）

　NPO 法人 神戸定住外国人支援センター（以下、「KFC」）は、1995 年 1 月 17 日に甚大な被害をもたらした阪神・淡路大震災の際に、地域に暮らす外国人の震災救援のために設立された二つのボランティア組織を源流としています。その時改めて確認された、地域の国際化と定住外国人の人権課題に取り組むため、KFC は 1997 年に民間の非営利活動法人として誕生しました。

　KFC が取り組んでいる事業は、主に（1）マイノリティ高齢者支援、（2）日本語学習支援、（3）子ども支援（学習支援、奨学金）、（4）多言語生活ガイダンス・相談、（5）中国残留邦人帰国者支援、（6）第三国定住ミャンマー難民支援、（7）多文化共生の国際交流施設「ふたば国際プラザ」の運営、など多岐に渡ります。

多文化講師育成講座のようす

　長年の活動の中で KFC に一貫している特徴は、外国人や多様なルーツをもつスタッフを積極的に雇用し、「支援する側（日本人）と支援される側（外国人）」という図式の固定化に抗いながら定住外国人のエンパワメントをめざしてきたこと、「多文化共生」という耳当たりの良い言葉でつい見過ごされがちな、定住外国人の人権課題に粘り強く取り組んできた点です。　　　　　　　　　　　　　（野崎　志帆）

参考

神戸定住外国人支援センター（KFC）公式ウェブサイト：http://www.social-b.net/kfc/index.htm

〔コラム⑧〕来日外国人による犯罪は増えているのか

　観光や労働などで日本にやって来る外国人は急増していますが、来日外国人の犯罪は増えているのでしょうか。

　日本にいる外国人のうち、来日外国人（定着居住者と在日米軍関係者をのぞく）の犯罪について、警察庁が統計を公開しています（『来日外国人犯罪の検挙状況』2016年3月）。その中の下図をみれば、刑法犯の検挙人員に占める来日外国人の割合（▲）は、平成4年（1992年）以降、約2％で安定して推移しており、平成27年（2015年）で2.6％です。つまり、日本の全検挙者のうち、およそ50人から40人に1人が、来日外国人ということです。同じく、検挙件数の割合（●）をみても、平成17年（2005年）の約5％をピークに減少し、平成27年は2.6％となっています。

　犯罪の内容はどうでしょうか。2015年の来日外国人による刑法犯罪の内容は、窃盗が67％で最も多く、次いで自転車盗などの遺失物等の横領が約7％でした。この2つで約75％をしめます。これは、日本の刑法犯罪全体の傾向（約75％が窃盗）と似ており、とくに凶悪とは言えません。これらの統計から犯罪学が専門の浜井浩一は、日本は先進国でも最も治安のよい国の一つであるが、外国籍者による犯罪が非常に少ないこともその理由の一つだと指摘しています。

　ところで、日本の警察庁は来日外国人の犯罪に特別な関心をよせ、『警察白書』などで検挙件数の増加などを公表してきました。これを受けて、1990年代に新聞やテレビなどのマスメディアが、来日外国人の犯罪を盛んに取りあげるようになりました。新聞報道についての調査によれば、平成元年（1989年）から平成14年（2002年）までの間に、来日外国人の検挙人員が1.6倍に増えたのに対して、報道量は22倍に増えています（中島2005）。

　こうしたなか、デマ・流言を研究している荻上チキが「日本の犯罪全体にしめる＜外国人犯罪＞はどのくらいだと思いますか？」という簡単なアンケートを行いました（2013：184）。それによれば、100人の回答者による平均の数字は約26％でした。つまり、外国人による犯罪が、4分の1程度だと見なされているのです。実態とかけ離れた偏見やイメージが日本社会で生みだされていることが分かります。来日外国人についての報道やイメージに注意しなければならないでしょう。

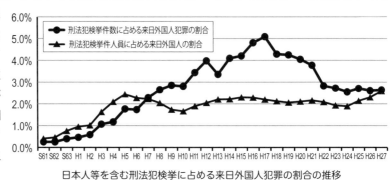

日本人等を含む刑法犯検挙に占める来日外国人犯罪の割合の推移

（片田 孫 朝日）

参考文献

警察庁刑事局組織犯罪対策部・国際捜査管理官『来日外国人犯罪の検挙状況』（2016年3月）https://www.npa.go.jp/sosikihanzai/kokusaisousa/kokusai/H27_rainichi.pdf（2019年8月30日閲覧）
中島真一郎（2005）「国家対策となった外国人犯罪」岡本雅享編『日本の民族差別』明石書店
浜井浩一（2017）「日本における外国人犯罪」『季刊刑事弁護』92、160-66
荻上チキ・飯田泰之（2013）『夜の経済学』扶桑社

〔コラム⑨〕メディア・リテラシーの必要性と現代的課題

　私たちはテレビや新聞、インターネットサイトや SNS といった多様なメディアを通じて社会の出来事の多くを知ることとなります。そうしてメディアに媒介された情報は何らかの編集がなされています。例えば、あなたが自分たちの学級のニュース番組（10分）を制作するとしましょう。限られた時間に情報を収めるために、あなたはまず何をどれだけ取り上げるのか／取り上げないのかを判断しなければいけません。この判断には、あなたの価値観や取材可能かどうかといった環境が影響することになります。時には教員の発言にも影響を受けるかもしれません。取り上げる出来事によっては、誰の視点を主軸に表現するのかを決めなければいけません。例えば、夏期休暇の短縮化という出来事も生徒と保護者、教員、地域の青少年支援団体では捉え方が変わってきます。また、視聴してもらうための工夫を考えている内に、映像の撮り方や音響効果で意図せずに過激／過剰な演出を加えてしまうことがあるかもしれません。

　メディアに媒介されている情報が、このような編集過程を経ていることは感覚的に分かっていることでしょう。しかし、何が／どのように／なぜ編集されているのかを、日常の中で分析的／批判的に読み解いているでしょうか。漫然と情報を受け取っている内に、送り手のものの見方を無自覚に内面化してしまっている可能性もあります。その内面化が外国籍住民へのステレオタイプや偏見の形成につながってしまうことも考えられることです。そこで、メディア・リテラシーの習得が求められることとなります。

　メディア・リテラシーとは「メディアを介したコミュニケーションを意識的にとらえ、批判的に吟味し、自律的に展開する営み、およびそれを支える術や素養のこと」（水越　2018：238）と定義されます。リテラシーという言葉は読み書き能力を意味しており、メディア・リテラシーはメディアで表現されたものを批判的に分析する能力とメディアを用いて創造的に表現する能力、そして「読み書き」を可能にするメディア使用能力の3つの能力の複合的能力として示されます（水越　2002：96-98）。

　こう書けば、特定の番組や紙面、ウェブサイト等を分析／表現するための能力に思われるかもしれませんが、インターネットが発達した現代におけるメディア・リテラシーはそのレベルに留まりません。検索サイトや SNS では、そのアルゴリズムによって自分の価値観や意見、志向に合わないものが表示されにくくなり、自分に合うものが表示されやすくなっています。そのため、「見えているもの」を対象に分析するだけでは、自らの偏りに気づくことはできません。自己理解の上に「見えているもの／見えていないもの」がどういったものであるのかを認識し、「見えていないもの」を探し求めてアクセスするという能動性が求められます。

　しかし、世界中の情報にアクセスできる環境があるとはいえ、一人の人間ではその能動性の発揮に限界があります。メディア社会が高度化していっているからこそ、多様な人が集う場での対話と協同によって「狭い世界」を突破するようなメディア・コミュニケーションの吟味と展開の重要性が高まっているのではないでしょうか。

(川中　大輔)

参考文献
鈴木みどり編（1997）『メディア・リテラシーを学ぶ人のために』世界思想社
水越伸（2002）『デジタル・メディア社会［新版］』岩波書店
水越伸（2018）「新しいメディア論を身につけるために」水越伸・飯田豊・劉雪雁『メディア論』放送大学教育振興会、223-242頁
レン・マスターマン、宮崎寿子訳（2010）『メディアを教える─クリティカルなアプローチへ』世界思想社

職場で考えよう：人権と経済効率

> **キーワード** グローバル化　労働者の人権　当事者の声
>
> 日本の製造業や農業、介護などで働く外国人労働者が増えている。なぜ企業は雇うのか。なぜアジアから働きに来るのか。受け入れ企業の課題はなにか。技能実習生に注目し、外国人労働者の受け入れについて、経済と人権の観点から考えよう。

全体を通しての留意点　外国ルーツの生徒がいるクラスでは、親が外国人労働者に該当するケースがありうる。そのような生徒が意見を言いやすい雰囲気をつくることや、逆に当事者として無理に思いを語らせない配慮が必要である。

ねらい
・グローバル化と人の移動の構造を理解する。
・外国人労働者の問題について、企業の要請と外国人の人権を配慮した上で、自分の意見をいえる。
・マイノリティの境遇を知り、その立場から必要な配慮を考えられる。

評価の観点
（1）日本の低賃金労働者の人手不足という受け入れ国側の事情と、より高い賃金を稼ぎたいアジアの労働者の存在によって、労働者の国境をこえる移動が生じているという経済構造を理解し、説明できる。【知識・技能】
（2）技能実習生・外国人労働者の受け入れが、事故などの労働災害や、転職・移動の制限、医療へのアクセスの困難など、人権問題を生じさせやすいことを理解している。【知識・技能】
（3）自国を離れて日本で懸命にはたらく労働者の経験や意見を聴き、その立場から必要な配慮について考え、意見することができる。【思考力・判断力・表現力など】
（4）社会問題の解決や現状の改善に向けて、積極的に社会に参画しようとする。【学びに向かう力・人間性など】

評価方法　ワークシートの記入内容から、評価の観点にそって評価する。

テーマの背景　最近、街のコンビニエンス・ストアや飲食店で、外国人の店員に出会うこ

とが多くなりました。

　日本で働く外国人労働者は2019年現在で166万人にのぼり、2010年の65万人から9年間で2.5倍以上となっています（※）。このうち医師や通訳など専門的・技術的分野の在留資格で働く労働者は33万人（20％）に過ぎません。つまり、多くの外国人労働者は、高い賃金をもらって専門職で働いているのではなく、比較的安い賃金で工場や店舗で働いているのです（コラム⑫を参照）。業種をみると、製造業が最多で48万人（29％）、コンビニを含む卸売業・小売業が21万人（13％）、宿泊業・飲食サービス業が同じく21万人（13％）となっています。出身国は、中国（25％）とベトナム（24％）で半分をしめ、アジア出身がおよそ7割。ブラジル・ペルー出身が1割。アジアと南米からの労働者です（図1）。

※　この数字は、戦前から日本に居住する特別永住資格者をのぞいたものです。

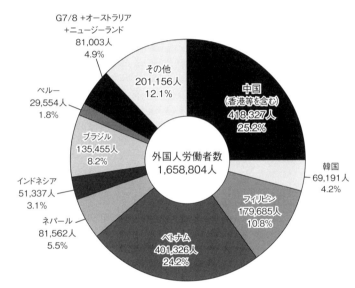

図1 「国籍別外国人労働者の割合」（2019年）
厚生労働省ウェブサイト「「外国人雇用状況」の届出状況まとめ」をもとに作成

　さらに、2018年に政府は人手不足を理由に出入国管理法の改定を急ぎ、今後5年間で約34万人の受け入れ拡大を決めました。業種は、介護、外食産業、建設業、ビルクリーニング業、農業などです。全般に賃金の低い肉体労働といえるでしょう。このように、今わたしたちの社会は、急速に外国人労働者を受け入れ、その低賃金の労働に依存するようになっています。このことをどう考えたらよいでしょうか。

　政府による外国人労働者の受け入れ拡大の背景には、日本の少子高齢化という人口現象が関係しています。総務省によれば、日本の生産年齢人口（15歳〜64歳）は1995年をピークに減少に転じ、2000年の約8600万人から2015年には約7600万人へと急減しています。こうした中で、女性や高齢者そして外国人が、労働力として求められるようになっているのです。とくに地方では人口流出が続き、日本人が低賃金の肉体労働を嫌がることから、零細企業や中小企業が人手不足に陥っています。若いアジアからの労働者は歓迎され、日本の諸産業を底辺で支えているのです。発展途上のアジアの国々には、3年や5年の有期であっても日本に出稼ぎをしたい若者がおり、各国の政府もそれを後押ししています。

しかし、以上のような人口減少と経済要因による外国人労働者の急速な流入に対し、日本社会は十分な受け入れの準備をしていません。その結果、深刻な人権問題や社会問題も生じています。例えば、外国人労働者が日本語を十分に習得しないままに労働に従事し事故にあう労働災害や、違法な低賃金、失踪による不法滞在などです。

　今日でも日本は外国から移り住む人（移民）の数が例外的に少ない先進国です。OECD（経済協力開発機構）36カ国の2015年の移民割合は平均約10%であり、主要国でもドイツが14.9%、アメリカが14.5%、イギリスが13.2%となっています。同年の日本の割合は1.6%に過ぎません。また、植民地時代に朝鮮から日本に移り住んだ在日コリアンや、1980年代から労働者として受け入れてきた日系ブラジル人などの移民に対して、政府が日本語の学習支援などの統合政策をとったことはありませんでした。つまり日本社会は、少数派の外国人労働者やその家族の受け入れにとり組んだことがなく、人権問題と社会統合を放置し続けてきたのです。このため、移住先を選べる専門的・技術的分野の外国人労働者は日本への評価が低く、日本になかなか来てくれません。しかし、日本の少子高齢化の進展と外国人労働者の急増、そしてグローバルな人権意識の向上は、受け入れ体制について待ったなしの対応を求めています。今わたしたちは、外国人労働者と共に生きる社会について真剣に考えていかなければならない時期を迎えているのです。

展開

1時間目
(1) 全体の導入「外国人労働者について考えよう」　　　　　　　　　（5分）
(2) 資料1「アジアの若者が日本を支える」を読み、シートの問いに答える（5分）
(3) 確認と解説：経済構造の理解　　　　　　　　　　　　　　　（10分）
(4) 資料2「技能実習生を受け入れてみると」を読む　　　　　　　（5分）
(5) シートの記入と2人グループで意見交換　　　　　　　　　　（15分）
(6) 発表　　　　　　　　　　　　　　　　　　　　　　　　　　（5分）
(7) まとめ　　　　　　　　　　　　　　　　　　　　　　　　　（5分）

2時間目
(1) 本時のねらいの確認　　　　　　　　　　　　　　　　　　　（5分）
(2) 資料3「技能実習生へのインタビュー」を読む
　　 生徒のワークシートの記入　　　　　　　　　　　　　　　　（10分）
(3) グループワークと全体共有　　　　　　　　　　　　　　　　（10分）
(4) 生徒のワークシートの記入　　　　　　　　　　　　　　　　（5分）
(5) 黒板に書き出し共有　　　　　　　　　　　　　　　　　　　（10分）
(6) まとめ　　　　　　　　　　　　　　　　　　　　　　　　　（10分）

準備するもの	1時間目　ワークシート1 [DOWNLOAD]、資料1、資料2 [DOWNLOAD]、パワーポイント

[DOWNLOAD] はダウンロードして利用可能。ダウンロードの方法は26頁参照

スライド [DOWNLOAD]（パワーポイントを使用できる教室）

2時間目　ワークシート2 [DOWNLOAD]、資料3、（机を島型に配置できる教室）

学習指導過程

（1）1時間目

時間	学習活動	指導上の留意点
導入 5分	・全体の導入。近年の外国人労働者の増加と、政府の受け入れ拡大政策に注目する。	・街でコンビニの店員として働く外国人の存在や、最近のニュースを紹介し、身近で重要なテーマであることを気づかせる。 ・アルバイトで外国人と一緒に働いたことがあるかなどを尋ねる。
	・外国人労働者をめぐる人権問題（企業による法令違反の低賃金、過労死）や社会問題（失踪・不法滞在など）も生じており、真剣に考える必要があることを意識する。 ・PPTスライド2を見ながら、外国人労働者のうち最近とくに注目されている「技能実習」をとりあげ、単純労働者の受け入れについて考える。 （PPTスライド3） 外国人労働者　約166万人（2019年）	・外国人労働者が、他にどのような在留資格で日本に滞在し、働いているのかについては、コラム⑫のコピーを配布し、授業後に読んでおくように伝える。
展開① 5分	（PPTスライド7） 製造業で働くフィリピン人技能実習生 株式会社　水登社　提供 ・生徒の音読で、資料1「アジアの若者が日本を支える」を読む。（参考にPPTスライド7を示す。）	・資料を読む前に、問いa・bを読み、考えさせる点を明確にしておく。その際に、「海外から日本に来て働くのは、たいへんではないか？」、「企業は、日本で育ち日本語ができる人を雇う方が働いてもらいやすいのでは？」といった問いを投げかけ、外国人労働者の渡航の要因を考えさせる。 ・技能実習制度そのものではなく、非熟練（単純）労働者の移住労働の構造について考えさせる。

④ 職場で考えよう：人権と経済効率　　89

時間	学習活動	指導上の留意点
	・資料からa「会社が、日本語がほとんどできないフィリピン人を雇う理由」、b「フィリピン人が日本の会社に働きにくる理由」を読み取り、ワークシートに書く。	
展開② 10分	<確認> ・生徒をあてて、その回答を黒板に書く。 ・a 会社：**人手不足、低賃金** （人手不足の背景として、少子高齢化とくに地方の人口減少、肉体労働の回避） ・b フィリピン人：**出身国と比べ高賃金** ・上のように、日本社会（企業の需要）とフィリピン人（労働者の供給）の両方の要因で、外国人労働者の受け入れが行われていることを確認する。 <解説> ・技能実習制度について、「国際貢献」を掲げながら、実際は「低賃金の労働者を移動・転職を制限して雇用する」という点に注目し、説明する。	・aでは、低賃金で「まじめによく働く」ことも指摘する。 ・bでは、高賃金のほかに、先進国での技能習得、日本への憧れ、日本語を学び本国で日本の会社に就職したいなど、他の理由も考えられることにもふれる。 ・フィリピンや後にとりあげるベトナムは、外貨獲得の国策としても出稼ぎ労働を進めていることを紹介する。かつて貧しかった日本も同様である。 ・技能実習制度について、歴史・現状などを詳しく話せないので、知りたい人は、自分で調べるように薦める。（末尾の参考文献）
展開③ 5分	・生徒の音読で、資料２「技能実習生を受け入れてみると」を読む。	・「外国人労働者の受け入れについて課題はないだろうか？」と問題提起する。
展開④ 15分	・ワークシートを記入する。 ・２人グループを作り、「課題」と「対策」について意見交換を行う。	
発表 5分	・数人の生徒が、課題と対策について意見を発表する。	・課題：①言葉がよく分からないことによる**事故・労働災害の危険**、②言葉の問題による**医療へのアクセスの困難**、③労働環境にハラスメントなどの問題があった場合の**移動・転職の自由の制限**、の３点は確認する。 ・「失踪」は、日本国籍の労働者なら問題にならない「転職」「居住地の移動」であることも伝える。
まとめ 5分	・本時のふりかえり **社会・経済要因**（人口減少、人手不足、高賃金）と**人権の課題**（労働災害、医療アクセス、移動の制限など）。受け入れ国の責任。 ・感想記入	・次回は、「働きに来ている技能実習生のインタビューを読み、さらに課題を考えてもらう」と予告。

（2）2時間目

時間	学習活動	指導上の留意点
導入 5分		・４人程度のグループを作り、机を島型に配置する。 ・前時の授業の内容を思い出してもらう。

		（前半）**経済構造**：先進国の少子高齢化・人手不足・賃金格差、（後半）**企業・社会の責任**：人権の課題として、労働災害、医療アクセス、転職の制限
	・本時のねらいの確認。「技能実習生へのインタビュー」を読むことで、**労働者の意見から受け入れの課題を考える**。	
展開① 10分	・クラス全体で、生徒2人が、技能実習生の役になり、資料3「技能実習生へのインタビュー」を音読する。 ・Q1〜Q4まで読んだ時点で音読を止め、ワークシートの（1）を記入する。同じく、Q5、Q6を読んで、（2）を記入する。	・この資料のインタビューは、母国語で行われ、実際の技能実習生へのインタビューや体験談をもとにしたものであることを伝える。（詳しくは、資料末尾に説明がある。）
発表 10分	・グループ・ワーク：（1）（2）（3）のうちで、最も印象に残ったことを一つだけ順番にグループ内で発表する。 ・クラス全体の中で、（1）を選んだ人、（2）を選んだ人、（3）を選んだ人、それぞれ1人ずつが発表し、全体で共有する。	
展開② 5分	・ワークシートの2）を記入する。 ・ABCのどれかを選び、理由を書く。	・2）の参考に、「産休の期間は、産前6週間と産後8週間で、産後は就業禁止（労働基準法）。この期間、被雇用者と事業主が払う健康保険から給料の2/3が支給（出産手当金）。また、出産育児一時金として、42万円が健康保険から支給される。」黒板に書くか、PPTスライド12を示す。
展開③ 10分	・グループ・ワーク：グループで、意見交換を行う。 ・いくつかのグループをあて、出た意見を発表してもらう。	・技能実習生の妊娠の問題について先進的な企業のとり組みについて知りたい生徒は、コラム⑪（100頁）を授業後に読んでおくように伝える。
まとめ 10分	・経済的な要因で受け入れが進むが、言葉の学習、医療アクセス、出産、差別など様々な人権問題や社会課題が生じることを確認する。 ・「安い労働力を都合よく使う」ことでよいのか、**外国人労働者がもたらす様々な労働・生活の課題を考えていかなければならないこと**を意識する。 ・アジアからくる外国人労働者は、いろいろなことを思い、**耳を傾ければたくさんの意見をもっていること**を意識する。 ・感想記入	・ヨーロッパでの外国人労働者の受け入れの教訓として有名な言葉、**「我々は労働力を呼ぶつもりだったが、やって来たのは人間だった」**（スイスのマックス・フリッシュ）を黒板に書くかPPTスライド13を示し、紹介する。 ・技能実習生は、もともと入国1年目は「研修生」として研修手当で働いていたが、低賃金の問題などが注目され、2010年の出入国管理法の改正により、1年目から「労働者」として扱われ、労働基準法や最低賃金法が適応されることになった。このように、「日本国籍者と同じ労働者」として地位・権利の拡大が行われてきたことも必用に応じて紹介する。 ・技能実習生が働きやすい職場は、弱い立場の人間も人権を配慮され、意見を言える点で、**日本人労働者の人権向上にもつながること**を伝える。

授業で用いる資料、ワークシート

「職場で考えよう：人権と経済効率」ワークシート1

1時間目　　＜受け入れの構造　と　企業の課題＞

年　　組　　番　名　前

1）「アジアの若者が日本を支える」から分かること

a）会社が、日本語をほとんどできないフィリピン人を雇う理由

b）フィリピン人が、日本の会社に有期（3年～5年）で働きに来る理由

2）田中工業にとって、実習生の受け入れについて課題は？

　・課題

　・対策

3）この授業の感想　　「外国人労働者の受け入れ　と　企業の課題」

「職場で考えよう：人権と経済効率」ワークシート2
2時間目　　＜実習生の声を聴く＞

年　　　組　　　番　名前

1）インタビューを読んで、印象に残ったこと

(1) 異国の日本で働くことについて　　　　　　　　　　　　　　（Q1～4）

(2) 日本語でのコミュニケーションと支援について　　　　　　　（Q5～6）

(3) 実習生が働きやすく、暮らしやすくなるための意見・提案について　（Q7）

2）単身で有期（3年～5年）で働きにくる女性の外国人労働者が、日本で妊娠していることが分かった場合、出産し産休や育休をとることは権利としては認められています。しかし、企業は嫌がるでしょう。また、育児の問題もあります。技能実習生は、赤ちゃんを含めて家族帯同を認められていません。あなたは、技能実習生の妊娠・出産について、どのような制度にしたらよいと思いますか？　　ＡＢどちらの意見に近いでしょう？

　A「日本で働いたり、技術を学んだりするために実習生を受け入れている以上、会社に出
　　て働くことを何よりも優先すべきだ。家族帯同を認める必要はないし、産休・育休の
　　権利も制限し、中絶か帰国かを選んでもらえばよい。」
　B「日本で労働者として働いている人には、産休等についても同等の権利を保障すべきだ。
　　特別の事情があれば、家族の帯同を認めたり、一時帰国して出産したりして、働き続
　　けてもらえばよい。」
　C　その他（　　　　　　　　　　　　　　　　　　　　　　　　　　　　）

・理由

3）「実習生の声を聴く」授業の感想

資料（1時間目）

資料1　アジアの若者が日本を支える

　全長130メートルのセメント運搬船が建造されている大分県佐伯市の三浦造船所。作業に携わる約100人のうち、20人がフィリピン人の技能実習生だ。電装を請け負う地場企業、大電工業などから派遣されている。

　募集60人に応募ゼロ。大電工業は地元の高校を中心に今春採用の求人を出しているが、反応は芳しくない。「会社の将来を考えれば、日本の若者に技術を伝えたいのに」。梶川茂夫社長（57）のため息は深い。

　佐伯は九州で最も広い市でありながら人口約7万4千人で、2005年から1万人以上も減った。市内の高校関係者は「安定志向や保護者の意向で、製造業であれば、キヤノンなど大手の関連企業を望む生徒がほとんど」と明かす。給与水準の高い県外企業への就職も多く、他の地方都市と同様、若者の流出に歯止めがかからない。

　実習生は時給813〜835円で黙々と仕事に打ち込んでくれる。母国に比べて賃金は高く、既に稼いだ50万円で妻子のために土地を買った人もいる。担当する溶接の技術は、帰国後も生かせる。彼らには3年という限られた時間しかない。

　一方で造船は、海外に拠点を移しにくい業種とされる。梶川社長は「実習生がいなかったら、会社をたたまなければならなくなるかもしれない。救世主だ」と感謝を惜しまない。

（西日本新聞社編『新 移民時代』2017年、明石書店）

〔コラム⑩〕すべての外国人とその家族の人権を守る関西ネットワークRINK

　RINKは、外国人の人権に関心をもつ市民団体や弁護士、労働組合、医療関係者などが、共通の課題（研修・技能実習、医療、入管収容など）に協力して取り組み、情報交換をすることを目的に1991年に結成されました。大阪市内に事務所をかまえ、曜日ごとに、スペイン語、中国語、タイ語、ベトナム語で電話相談を受けつけています（左下写真）。

　事務局長の早崎直美は、最近も技能実習生から賃金の未払いの相談を受け、会社との示談の交渉に関わりました。「同じ問題がずっと続いている」と言います。「とくに多くの実習生が渡日のために多額の借金をして働きに来ていることが深刻な問題だ」と話しました。借金を返すため、無理なことを求められても抗えないからです。対策としては、韓国の外国人労働者受け入れ制度などを参考に、日本政府が受け入れ全体に責任をもち関与を強めるべきだと言います。2018年の入管法の改定については、「外国人労働者の受け入れを拡大するなら、在留外国人の人権を保障する基本的な法制度等を整備することも必要だ」と話しました。　（片田 孫 朝日）

外国人労働者からの電話相談にのるスタッフ

資料2　技能実習生を受け入れてみると

　池田さんは、田中工業の社員です。

　田中工業は社員8人の小さな会社で、機械部品の製造を行っています。ここ数年の会社の悩みは、人手不足。これまでは高卒の学生を採用してきましたが、最近、募集をしても人が集まりません。やっと入社した若者も、続かずに辞めてしまいます。そんな時、社長がベトナムから技能実習生を受け入れることを決めました。

　田中工業は、ベトナムで実習の求人を出し、まじめなベトナム人のチャンさん（25歳男性）とガさん（26歳女性）を面接で採用しました。日本政府に2人の実習計画を提出し、会社の社員から指導員を選びました。池田さんは、若さと人柄をかわれて、この指導員に選ばれました。責任の重い仕事です。

　実際に2人を会社に迎える日、池田さんの胸は期待と緊張で高なりました。

　朝礼では、2人が社員全員に紹介されました。池田さんは、社長と相談し、最初は簡単な仕事をさせることにしました。2人とも片言の日本語しか話せず、意志疎通に不安があります。しかし、池田さんが作業の見本をみせると、「がんばります」と、まじめに取り組んでくれています。慣れれば、より複雑な仕事も任せられそうです。2人が残業を歓迎し、給料が増えると喜んでやってくれるのも助かります。会社に来てまだ数カ月ですが、若く元気な人が会社に入ることで、会社全体が明るくなりました。

　ただし困るのは、言葉の問題です。月に1回、監理団体が通訳をつれてサポートに来てくれますが、それ以外は会社で何とかしなければなりません。気になるのは、実習生が自己流で作業をすることです。池田さんが気づいて注意すると、「はい」と言うのですが、こちらの日本語をどこまで理解できているか分かりません。製品の品質だけでなく、けがの心配もあります。池田さんが、大声で怒ることもありました。

　言葉の問題で、最近こんな出来事もありました。ある日の朝、ガさんが寮から会社に電話をしてきました。チャンさんに何かあったようで、社長と池田さんが寮に見にいきました。行ってみると、チャンさんがベッドの上で苦しそうにしています。腹痛がひどい様子ですが、本人は「だいじょうぶ」とだけ言います。病院につれていこうかと思いましたが、嫌がります。病院に連れていったとしても、言葉の問題もあります。監理団体に電話すると、通訳者は別の会社に行っており、今すぐには派遣できないと言ってきました。しばらくして痛みがおさまったので、その日は仕事を休ませました。彼はその後元気に働いてくれていますが、あの時はどうなることかと冷や汗をかきました。

　最近、メディアのニュースでは、実習生の低賃金や失踪の問題が注目を集めています。田中工業の実習生への賃金は、手取りで月13万円ほど。渡航費などの支払いを考えると、高卒の学生に比べて人件費はそれほど安くありません。しかし、実習生2人が携帯を見ながらベトナム語で話していると、もっと稼げる職場を探して失踪してしまわないかと不安になります。池田さんは、実習生に働いてもらうことに賛成ですが、課題も感じています。

　　　　　　　　　　　　　　　　　　　　（田中工業は、実態をもとにした架空の会社です。）

資料（2時間目）

資料3　技能実習生へのインタビューを読む

マイさん　　ベトナム人男性　　25歳　製造業
　　　　　　3年目　男性

ラケルさん　フィリピン人女性　26歳　溶接業
　　　　　　3年目　女性

マイさん

ラケルさん

図　技能実習生の一般的な平日のスケジュール
（『あいちの働く外国人白書』より）

Q 1　来日前のイメージと、実際の仕事の現実にはギャップがありましたか？

マイ　「ぼくは来日前の説明が何もなくて、鉄板を曲げる仕事としか聞いていませんでした。
　　　　実際に会社に入ってみると、思っていた仕事と全然違いました。ベトナム人先輩が一人
　　　　いましたが、その人は同郷のベトナム人が嫌いで、日本人が好きみたいです。それで泣
　　　　いたこともあるし、ベトナムに帰ろうかと思ったこともあります。でもがんばって本や
　　　　インターネットで勉強し、仕事ができるようになったら、会社の人もぼくに関心をもっ
　　　　てくれるようになりました。」

ラケル　「溶接はフィリピンでも勉強しましたが、実際の仕事は難しくて、いろいろな姿勢で床
　　　　に座ったり体を倒したりしながら作業をしています。でも会社に通訳もいるし、結果的
　　　　によい会社だったからわたしは運がよかったのかもしれません。」

Q 2　ラケルさん、家族と離れて暮らすのは、どんな気持ちですか？

ラケル　「大変です。わたしは夫と子どもが2人いるので。必要なものがあっても、離れている
　　　　からあげられない。我慢してもらうしかない。ホームシックの時は、Facebook か
　　　　Skype。ライブで姿を見ることもできます。抱きしめることはできないけど。子どもと
　　　　は、とにかくコミュニケーションをとっています。宿題は、Skype を通じて手伝うとか。
　　　　子ども達が親の愛情を感じられるようにすることが大事です。」

Q 3　日々の力をくれるものは？

ラケル　「もちろん、自分の家族。家族のためにここにいるのだから。実習でお金を貯めて、家
　　　　族の生活を助け、フィリピンで飲食店を開きたいとおもっています。」

マイ　「自分の夢です。時々、仕事に行きたくない時もあるけど、買いたいものがある、やり

たいことがある、と考えて気持ちを強く持つようにしています。実習が終わったら、日本語能力を活かしてベトナムの日本企業に勤めたいです。日本の大学に入り直し、日本で働くことも考えています。」

ラケル　「それから、力をくれるものといえば、フィリピン・ストア。イワシの缶詰すら恋しい。玉ねぎと卵を加えてちょっと炒めると、とても美味しい。フィリピンではありふれた食事だったけど。」

Q4　日本で学んだことは何ですか？

ラケル　「時間……。フィリピンではいつも遅刻していたので、日本に来て最初の1か月間は、遅れないようにするだけですごく疲れました。」

マイ　「日本はシステム化されているよね。」

ラケル　「日本人は自制心が高すぎると思う。やるとダメなことがとても多い。ただ、物を翌日まで置きっぱなしにしても、なくなる心配はないですけどね。」

マイ　「それに日本人は、とても礼儀正しいよね。道に迷った時、近くの人に聞いたら、わかりやすい所まで一緒に来てくれました。」

ラケル　「日本で学べることはいろいろあります。違いを知ることで、得られるものは多いです。」

Q5　日本語でのコミュニケーションの問題はありますか？

ラケル　「はい。指示どおりにやったつもりでも間違えてしまって、ごめんなさいと言うしかない。分からない時は、正直に聞いた方がいいよね。」

マイ　「ぼくも日本語ができなくて、最初はひどく怒られました。でも、聞き返したくても、日本語が分からないと質問もできません。それでつい、言われたことが分からなくても「はい」と答えてしまう。誰だって怒られるのは嫌だし、何度も聞くのは恥ずかしいですから。」

ラケル　「逆に意見や提案がある時、上司が同じ国の人だったら簡単に言えるけど、日本語では上手く説明できないから、黙って上司に従うしかないよね。こうした方がいいのに、と思っても、それを説明できません。それでもがんばって話そうとすると、相手が話の途中で理解して、会話を切ってしまうことがあります。それはそれで悲しくなります。」

Q6　日本語を上達するために、どんな支援がほしいですか？

マイ　「日本人の友だちがほしい。会話する機会がほしいです。休日でも寮の門限が4時なので、なかなか友だちをつくれません。職場の人とは仕事のことしか話さないので、つまらない。」

ラケル　「教科書にのっていない日本語を勉強したいです。仕事では命令形を理解することが必要だけど、わたしたちは道やスーパーでも日本人に会うから、普通の日本語も必要だと思います。休日に、地域の日本語教室に通っていますが、他の人と学習レベルが合わず、ボランティアの人数も少ないです。」

Q7　実習生が働きやすくなるために、提案したいことはありますか？

ラケル 「日本人の考え方や文化を学べるとよいと思います。たとえば、日本では何事にも必ず手順があって、決まった方法でやらなくてはいけません。自分が一番効率的だと思う方法でやろうとしても、それはダメだと言われます。そうしたことを知らないとスムーズに仕事ができません。」

マイ 「ぼくは差別を減らしてほしい。外国人は、日本人より重い仕事をしているのに、ほんの少しのボーナスも出ません。ぼくは今、仕事の分担や割り振りまでしているのに、全く昇給してくれません。」

ラケル 「わたしは会社の待遇には満足しています。ただ、会社にくる前に研修施設で、「異性との恋愛禁止」や「妊娠したら罰金・帰国」と言われました。私は、家族をおいて単身で働きに来ていて妊娠は考えられません。けれど、他の実習生が何らかの事情で妊娠した時、中絶か帰国かを迫られたらつらいだろうと思いました。会社が妊娠を嫌がることはよく分かりますが…。改善してほしいのは、仕事だけでなく、ここで働いているわたしたちの気持ちにも少しは関心を持ってほしいということかな。」

マイ 「そうだね。それから、機械のことをもっと教えてほしいです。操作方法は教えてくれますが、ベトナムに同じ機械がないので、役にたちません。そうではなくて、機械の構造や修理方法を教えてほしいです。そうすれば、帰国後にも役にたつかもしれないので。」

ラケル 「せっかく日本にいるのだから、たくさんのことを吸収して帰りたいよね。」

技能実習生による座談会の様子　（『あいちの働く外国人白書』より）

※　このインタビューは、『あいちの働く外国人白書～ほんとはどうなの？技能実習生の今～』（一般社団法人 DiVE.tv、2018年）に掲載された3つの座談会（①ベトナム人6名、②フィリピン人3名、③インドネシア人3名）をもとに作っています。多数の実習生の言葉を2人の架空の人物に語らせています。また、座談会になかった内容を一部加筆しています。座談会は通訳者がつくか、母国語で行われました。マイさん・ラケルさんの顔写真は、実際の座談会の参加者とは別人です。DiVE.tvと『あいちの働く外国人白書』については、コラム⑬を参照して下さい。

Ｑ１　技能実習生について、企業の違法行為がよく報道されたり、国会で議論されたりしています。なぜですか。

Ａ１　いくつかの理由があります。最大の理由は、技能実習に関する法律・制度と実態の不一致です。技能実習の制度は、1990年代以降に低賃金・単純労働者の人手不足を背景に拡大してきました。しかし、政府は外国からの単純労働者の受け入れを建前としては認めず、日本政府・企業の国際貢献として海外の人々の技能向上のために実習を受け入れるという制度をとり続けてきました。この技能習得という建前のために、転職（職場の選択）ができないことは、労働者にとって非常に大きな問題です。また、日本の多くの企業では、「ブラック企業」という言葉に表されるように、労働法が遵守されず、労働者の人権が軽視される傾向があります。その上に、実態にあわない法律で、弱い立場の外国人労働者の受け入れが進んでいるのです。（94頁のコラム⑩も参照してください。）

Ｑ２　海外についてのニュースで「移民」や「移民問題」という言葉をよく聞きますが、技能実習生は「移民」にあたりますか。

Ａ２　「移民」の定義によります。「移民」を広辞苑でひくと、「他郷に移り住むこと。特に、労働に従事する目的で海外に移住すること。また、その人」と書かれています。日本語の「移民」は、移住が長期間の者を呼ぶことが多いと思います。この点で、数年で帰国する技能実習生は、働く目的で日本に来たとしても移民とは言えないかもしれません。他方、植民地時代に日本に働きに来て、そのまま日本で暮らしてきた朝鮮人や中国人（約65万人）は、この定義の移民にあたります。また、政府は1980年代以降に、ブラジルやペルーの日系人とその家族を労働目的で受け入れてきました（約30万人）。彼・彼女らも移民にあたります。　　　　　　　　　　（片田　孫　朝日）

参考文献

あいちの働く外国人白書2018編集委員会編（2018）『あいちの働く外国人白書―ほんとはどうなの？　技能実習生の今―』一般社団法人DiVE.tv
朝日新聞、（2018）「『中絶か強制帰国』迫られた」（12月2日　朝刊）
厚生労働省「外国人雇用状況」の届出状況まとめ（平成30年10月末現在）https://www.mhlw.go.jp/content/11655000/000472892.pdf（2019/7/27）
寺田知太他（2017）『誰が日本の労働力を支えるのか？』東洋経済新報社
津崎克彦編著（2018）『産業構造の変化と外国人労働者―労働現場の実態と歴史的視点―』明石書店
西日本新聞社編（2017）『新移民時代―外国人労働者と共に生きる社会へ―』明石書店

〔コラム⑪〕技能実習生の受け入れで先進的な企業

　技能実習生は、労働や実習のために数年の有期で日本に来ています。多くの管理団体や企業は労働力の障害になりうる恋愛・結婚、とくに妊娠を嫌がり、内規で禁じたりしています。この恋愛・妊娠の問題を含めて、技能実習生の人権に真剣にとり組んでいる一企業を紹介します。

　神戸市に本社をおく株式会社水登社は、ショベルカーなど建設機械の油圧配管の製作や機械部品の組立を行う製造業の中小企業です。神戸市の本社のほか、兵庫県内に４か所、中国に２か所、インドに１か所の工場・事業所をかまえています。2019年現在、日本で働く従業員216名のうち外国国籍者が54名で約25％をしめています。外国国籍者のうち、中国、スリランカ、イタリアなど6ヵ国の9名が正社員であり、45名がフィリピンからの技能実習生です。

　総務の伊藤敦さんによれば、技能実習生の採用は人手不足が一番の理由であり、2008年に始まりました。2012年からは、フィリピン人を採用しています。フィリピン人実習生の印象は、まじめで明るく、積極的に仕事にとり組み、残業も厭いません。日本語のコミュニケーションに多少の問題はありますが、日本語の勉強にもまじめにとり組んでいます。また過去に、実習生の一人が日本語をきわめて速く習得し、タガログ語と英語の作業マニュアルを作成してくれたので、今でも使われているそうです。技能実習生がフィリピンに帰国しても、技能を活かし働き続けてもらうために、現在、フィリピンに工場建設を進めています。

　賃金については、他の社員と同等レベルの給与を支給しており、監理団体への支払いや寮の提供、また、寮から通勤するための自転車の支給などを考えれば、むしろ割高になっているといいます。それでも、人手不足を解消し、働く熱意のある多様な人材を活用していく上で、会社にとってプラスになり、社会の半歩先を行く投資でもあると伊藤さんは語ります。

　技能実習生の恋愛・結婚については、過去に日本人社員との間で2例の実例があったそうです。いずれも、フィリピン人の男性の実習生と日本人の女性の社員が恋愛し、実習生は帰国後に再入国して結婚。水登社で正社員として働き続け、会社と実習生をつなぐ貴重な戦力となっているそうです。もしも今後、技能実習生同士の恋愛

溶接作業をする実習生（水登社提供）

で妊娠が発覚したら、当人たちの希望をもとに話し合いを行い、日本の社会保険制度における権利は守るつもりだと話してくれました。水登社は、伊藤さんを中心に雇用の多様性にとり組んでおり、外国人だけでなく、精神障がい者の短時間就労など、障がい者の雇用も進めています。いずれの場合も、コミュニケーションが大切だと伊藤さんは考えています。

（片田 孫 朝日）

〔コラム⑫〕来日外国人はどのように働いているのか

　外国人が日本で合法的に働くためには、就労が認められている在留資格が必要です。図1は、「技能実習」という在留資格が新設された後の2011年と2019年の外国人労働者の人数を、在留資格別に示したものです。労働者全体の人数は69万人から166万人となり、8年間で倍以上に増えています。（数字は、特別永住者を除く。）

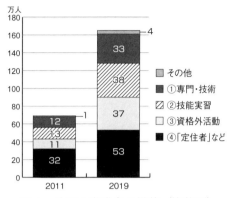

図1　外国人労働者の推移（資格別）

　①「専門・技術的分野の在留資格」は、大学の「教授」、外国料理人などの「技能」、語学教師や通訳などの「国際業務」など就労目的の在留資格をもつ労働者です。2019年で約33万人います。ただし、この就労ビザをもつ労働者は、労働者全体のなかの20%です。

　②「技能実習」（約38万人）は、日本政府と企業の国際協力を目的とする外国人の「技能の実習」のための制度です。しかし、実際には低賃金・肉体労働者の人手不足を補うために拡大してきました。職種などのデータは、パワーポイント資料に掲載しています。「実習」を建前として職場の移動が制限されているため、違法行為、ハラスメントや「失踪」が深刻な社会問題となっています。

　③「資格外活動」（約37万人）とは、主に留学生のアルバイトです。留学という本来の活動を疎外しない範囲内で（1週間に28時間以内）、届け出により報酬を受ける活動が認められています。政府は、2008年に「留学生30万人計画」を立てて留学ビザを取りやすくし、2017年にこの目標を達成。この間に、留学生の労働者率は39%から83%となりました。2019年の留学生アルバイトは、ベトナム（13万人）、中国（8万人）、ネパール（5万人）の順で多くなっています。

　最後に、④「定住者」や「永住者」また「日本人の配偶者等」などの身分に基づき在留する者は、在留中の活動に制限がなく、就労することもできます。2019年のこの身分の労働者は、ブラジル（13万人）、フィリピン（13万人）、中国（11万人）の順で多くなっています。ブラジル人の場合、バブル期の1990年代に人手不足で受け入れを始めた日系人が定住化し、2000年代に永住権を取得しているケースが中心です。しかし、ブラジル人労働者は、現在も「派遣・請負」が55%と半数を超えており、不安定で低賃金の労働に従事している者が多くなっています（望月2019）。

　以上のように、日本の外国人労働者は、就労ビザをもつ①「専門・技術」の者が20%に過ぎず、政府は公式の「フロントドア」ではなく、「技能実習」などの資格で非公式の「サイドドア」を開け、低賃金で人手不足の職場に外国人労働者を受け入れてきました（望月2019）。このため労働者の人権と社会統合の面で多くの課題が生まれています。　　　　　　　（片田 孫 朝日）

参考文献
厚生労働省「外国人雇用状況」の届出状況まとめ（令和元年10月末現在）https://www.mhlw.go.jp/stf/newpage_03337.html（2020年2月29日閲覧）
望月優大（2019）『ふたつの日本―「移民国家」の建前と現実―』講談社

〔コラム⑬〕多文化市民メディア DiVE.tv

　2015年に元テレビ報道記者の牧野佳奈子が中心となり名古屋で設立。日本人と外国人のコミュニケーションを促すために、外国にルーツを持つ人たちが自国の文化を発信するインターネットの動画サイトを運営しています。多様性を意味する "diversity" と、互いに相手の世界に飛び込む "dive" の意味を込めて、団体名は「DiVE（ダイブ）」と名付けました。ウェブサイトには「（ミャンマーの）モン族の祭り」、「ケニア人留学生が初めて日本の床屋へ行くの巻」、「Let's Forró!!! ―（ブラジルの）フォホをおどろう！―」など、多国籍の市民キャスターによるレポート動画が並んでいます。また、イベントの企画運営も行い、外国ルーツの中高生を対象にしたエンパワメント・キャンプや、日本の大学生対象の多文化ツアーなどを主催して、その動画を公開しています。

防災イベントを取材するネパール人
留学生とスタッフ

　ベトナム人の技能実習生などによる対談の動画が20万回以上の再生回数を記録したことをきっかけに、技能実習について調査を開始。2018年に『あいちの働く外国人白書―ほんとはどうなの？　技能実習生の今―』を出版。実習生、送り出し機関、監理団体、通訳者、受け入れ企業など多様なステークホルダーから聴き取りを行い、写真や図を入れた読みやすい資料集で好評です。

（片田 孫 朝日）

5 病院で考えよう：社会権とコスト

定住外国人が医療機関を利用する場合、例えば日本語がわかる子どもと一緒に行かないと医者の指示を聞き取ることや適切な治療を受けることができない、ということがある。この問題を考えてみよう。

全体を通しての留意点　外国籍の生徒がいるクラスでは、実際に家族の通院に付き添う生徒もいる可能性があるが、そのような生徒が意見を発言しやすい雰囲気をつくることや、逆に当事者だからといって無理に思いを語らせない配慮が必要である。

ねらい
・医療通訳の現状と課題について理解するとともに、外国人が日本で暮らす課題について多面的に理解する。また、課題解決のためにはコストがかかること、税の分配に関わることについても理解する。
・日本において、すべての住民が安心して医療を受けるために何が必要で、それを実現するために、だれが合意形成に参加するべきかを議論することを通して、「主権者」とはだれかについて考える。

評価の観点
（1）基本的人権の概念を踏まえつつ、医療通訳の現状とその問題点について理解し、社会の仕組みを改善する方策を考えることができる。【知識・技能】
（2）税の使われ方について多角的な視点をもって課題を分析・判断し、異なる意見によって生じる対立点を整理し、合意できる案が提案できる。【思考力・判断力・表現力など】
（3）社会問題の解決や現状の改善に向けて、積極的に社会に参画しようとする。【学びに向かう力、人間性など】

評価方法　ワークシートの記入内容から、評価の観点にそって評価する

テーマの背景　あなたは外国で病院に行ったことはありますか？　理由もわからず腹痛や頭痛で苦しんでいる時に、自分の症状を外国語で上手に説明できるでしょう

か？　もしかしたらあなたは難しい病気にかかっていて、すぐに手術を受けなくてはいけないかもしれません。そんな時、お医者さんが話す専門的な医療用語を外国語で理解できるでしょうか？　また治療にかかる費用を正確に理解し、合意の上で適切な治療を受けることができるでしょうか？

　医療通訳者とは、病院をはじめとする医療の現場において、互いに母語を異にする医療従事者と患者の間に入って意思疎通を成立させる人のことです。医療通訳者の役割とは、単に医者と患者の話す言葉を通訳するだけにとどまりません。医療をめぐる文化や習慣の違いを理解し、医療従事者と患者の間にある文化的な壁を乗り越えて相互理解を助けることも、医療通訳者に求められている大切な役割です。1981 年に世界医師会が採択したリスボン宣言は、患者の権利について次のような原則を示しています。

- すべての人は、差別なしに適切な医療を受ける権利を有する。
- 患者は自分自身の決定を行ううえで必要とされる情報を得る権利を有する。患者は、検査ないし治療の目的、その結果が意味すること、そして同意を差し控えることの意味について明確に理解するべきである。
- 情報は、その患者の文化に適した方法で、かつ患者が理解できる方法で与えられなければならない。

　上のような患者の権利を擁護するため、諸外国では医療通訳サービスの制度化が進んでいます。例えば米国の医療通訳制度の先進地域といわれるマサチューセッツ州では、ほとんどの一般的な病院で 5 〜 8 言語で対応できるような医療通訳の専属スタッフが置かれています（大野　2017：50）。多民族国家といわれるオーストラリアの中でもアジア系移民が多くすむオーストラリアのクイーンズランドでは、州政府が、対面で、または電話や映像付きのオンライン電話によって 130 以上の言語で医療通訳サービスを年中無休で提供しています（Queensland Government "interpreter services"）。

　医療通訳の制度化が進んでいる国では、医療だけでなく、教育、社会福祉、行政、司法など様々な分野で、言語の障壁があるために公的サービスを十分に受けることができない外国人（移民）を支援する「コミュニティ通訳」に取り組んできました。「コミュニティ通訳」はビジネスや国際会議の現場で活躍する通訳とは異なり、文化や言語的背景にかかわらず公的サービスにアクセスできるよう、外国人（移民）の人権を守るために発展してきました。古くから移民を受け入れてきた国々では、医療通訳も「コミュニティ通訳」の一環として制度化が進んできたのです。

　一方、日本では、日本語で十分にコミュニケーションができない人たちは、医療サービスを受ける際に、家族や友人に同伴を求めて通訳をしてもらう例がほとんどでした。1990 年代後半からは、外国人住民の支援に取り組んでき

た民間の非営利組織（NPO）やボランティア団体が医療通訳者の育成に努めてきました。資金的に限界があるために、これらの団体は、無給あるいはわずかな謝礼しか受け取ることのできないボランティアの通訳に頼ることがほとんどでした。しかしながら、近年、地域社会に日本語を母語としない住民の急増を背景に、医療機関、そして政府や地方自治体も医療通訳の重要性を認識するようになっています（多文化共生センターきょうと2018：34 – 37）。

　医療通訳を行うためには、専門的な知識と技能が求められます。母語と通訳をする言語の両方で高い言語能力を持っているだけでなく、医療や保健に関する知識も必要です。また医者が話す専門的な医療用語を、文化的背景の異なる患者に分かりやすく伝えるためには、文化的社会的差異について理解していることが不可欠です。日本社会は、こうした専門的な知識と技能を持つ医療通訳者をどの程度必要としているのでしょうか？　日本で医療通訳の制度化と専門職化を進めるためには何が必要でしょうか？　これらの議論はまだ始まったばかりです。

参考文献
大野直子（2017）「医療通訳システムに関する海外先進地域の取り組みと日本との比較：法的根拠と予算財源」『順天堂グローバル教養論集』2：46-57.
Queensland Government "interpreter services" https://www.health.qld.gov.au/multicultural/ interpreters/interprtng_trnsltng（2019年12月1日閲覧）
多文化共生センターきょうと（2017）『医療通訳』日本医療教育財団

展開

1時間目「医療通訳の現状と課題」
（1）病院の不便さとは何か（10分）
（2）動画「病院に通訳がいたらいいのにな〜神戸のベトナム人中学生編〜」視聴（15分）
　　　https://tcc117.jp/facil/iryo_tsuyaku_video.html

（3）動画のふりかえり（10分）
（4）レクチャー　医療通訳の現状と課題（10分）
（5）ふりかえり（5分）
2時間目「医療通訳の課題解決のために、『誰が』話し合いに参加するべきか？」
（1）「よく医療機関を利用する人とひかえる人はだれか」（10分）
（2）グループワーク「医療通訳の課題解決のために、『誰が』話し合いに参加するべきか？」（25分）
（3）発表（10分）
（4）ふりかえり（5分）

準備するもの	1時間目　動画再生機器、ワークシート1 🔽DOWNLOAD

🔽DOWNLOAD はダウンロードして利用可能。ダウンロードの方法は26頁参照

2時間目　ワークシート2 🔽DOWNLOAD、ハサミ

学習指導過程

（1）1時間目

時間	学習活動	指導上の留意点
導入 10分	病院で不便に感じることを考える ・〈ワークシート1〉問1を記入。	・普段病院を利用していて、不便に感じることを考えさせる。 例：待ち時間が長い、医師の説明が分かりにくい、治療にどれくらいの時間とお金がかかるかわからないなど。 ・「日本人」だけが安心して暮らせればいいという考え方は、どのような問題を引き起こすことになるかも示唆する。
展開① 15分	**動画「病院に通訳がいたらいいのにな～神戸のベトナム人中学生編～」** 動画「病院に通訳がいたらいいのにな」(12分)を視聴する。 動画を視聴しながら〈ワークシート1〉問2を記入	・必要に応じて〈ワークシート1〉問2の答え合わせをする。
展開② 10分	**動画のふりかえり** 〈ワークシート1〉問3、4を記入 ・動画をみて、初めて知ったこと ・動画をみて、疑問に思ったこと 記入後、数名の生徒発表。	・他生徒の発表で、自分にはない意見をメモをさせる。
展開③ 10分	**医療通訳の現状と課題** 「多言語センターFACIL（ファシル）」の取り組みについて学ぶ。 現在の医療通訳の課題を〈ワークシート1〉の問5に記入。	・〈ワークシート1〉問5の図を使って、通訳者の人数確保や料金、しくみを維持する経費について課題があることを考えさせる。 ・FACILについては、コラム⑭を参照のこと。

まとめ 5分	本時のまとめ 次時の学習内容の予告 授業の感想記入	・外国人が日本人とは異なる不便を感じていること、それを支援するしくみが不安定であることをおさえる。 ・時間に余裕があれば、現状を改善するしくみについても考えさせる。 ・感想は〈ワークシート1〉の裏面を活用するか、別紙を用意する。

（2）2時間目（ワークショップ）

時間	学習活動	指導上の留意点
導入 10分	前時のおさらい 「日本で生活し、病院をよく利用する人と利用をひかえる人はだれか」 ・〈ワークシート2〉問1を記入。	・医療通訳の支援体制が未整備であることをふりかえる。 ・社会（地域）を構成している人の様々な属性を挙げさせる。 例）よく利用する人…高齢者、子ども 　　ひかえる人…生活困窮者、外国人
展開 25分	**医療通訳の課題解決のために、「誰が」話し合いに参加するべきか？**	
	・前時をふまえて、どのような登場人物がいたかを参考に、参加者カードに記入する。 ・カードを切り取る。 ・4～5人グループになり、カードを出し合って話し合いの参加者を5人に絞り込む。絞り込む過程で、次の①と②について議論し、〈ワークシート2〉問2に意見をまとめる。 ①「その人」が参加することで、話し合いにどのような効果があるのか ②集まった5人で、合意できそうな意見や対立しそうな意見は何か	例）外国人の子ども、医師、通訳者、社会福祉士など ・カードを出す際に、「その人」が話し合いに参加すべきなのは、どのような立場を代表しているといえるのかを明らかにして説明させる。 ・課題がより明確になりやすいことや解決策の提案が見込めることなど、多様性がもつ豊かさとは何かについて考えさせる。
発表 10分	2～3班が発表する。	・時間に余裕があれば、すべての班に発表させる。
まとめ 5分	本時のまとめ 〈ワークシート2〉問3を記入する。	・外国人定住者を含む多様な人々と共に暮らすうえで、どのような折り合いをつけるのか投げかける。 ・話し合いをする場の設定も大事であることを、川崎市の例（コラム⑳）などを挙げてふれる。

授業で用いる資料・ワークシート

___年 ___月 ___日 ___学年 ___組 ___番　名前_____ ___班

病院で考えよう：社会権とコスト〈ワークシート1〉
「医療通訳の現状と課題」

問1　普段、あなたが病院を利用していて、不便に感じることを記入しよう。

_____

_____

動画を見よう！

https://tcc117.jp/facil/iryo
tsuvaku video.htmlc

問2　動画を視聴して、外国人が現在のしくみに対してどんな困ったことがある
のか、まとめよう。

	だれ	どんなこと	どのように
1.	（　　中学生　　）が	（　　　　　　　　）のために、	（カラオケに行けなくて）困っている
2.	（大城ロクサナさん）が	（　　　　　　　　）のために、	（　　　　　　　　）困っている
3.	（Carlota Constantini さん）が	（　　　　　　　　）のために、	（　　　　　　　　）困っている
4.	（産婦人科医 田口さん）が	（　　　　　　　　）のために、	（　　　　　　　　）困っている
5.	（社会福祉士 坪田さん）が	（　　　　　　　　）のために、	（　　　　　　　　）困っている

問3　動画を視聴して、初めて知ったことを記入しよう。

_____

_____

問4　動画を視聴して、疑問に思ったことを記入しよう。

_____

_____

問5　NPO法人「多言語センターFACIL（ファシル）」を例に、医療通訳の取り組みと課題についてま
とめよう。

日本に住む外国人

患者　①通訳依頼　→　病院

1500円　④通訳　②派遣要請　3500円

通訳者　③コーディネート　FACIL
3500円

NPO「FACIL」が提供する医療通訳の仕組み

課題

・_____

・_____

・_____

・_____

・_____

___年 ___月 ___日　　___学年 ___組 ___番　名前_____　___班

病院で考えよう：社会権とコスト 〈ワークシート2〉
「医療通訳の課題解決のために、『誰が』話し合いに参加するべきか？」

問1　日本で生活し、病院をよく利用する人と利用をひかえる人はだれでしょう。それぞれ記入しよう。

病院をよく利用する人	
病院の利用をひかえる人	

問2　次の場面設定で、どんな参加者が望ましいかを**参加者カード**に記入し、グループで議論しよう。

（1）場面設定

> X市役所が、税を使って医療通訳ができる仕組みをつくるために意見を集める会議を開こうと考えています。あなたはその会議の参加者を決める人選委員です。住民の中から5人を選びます。どんな立場の人に会議に参加してもらえばよいでしょうか？

（2）「その人」が参加することで、話し合いにどのような効果があるのか記入しよう。

_____

_____

（3）集まった5人で、合意できそうな意見や対立しそうな意見を記入しよう。

_____

_____

問3　この授業を受けて、あなたが感じたことや気づいたこと、学びになったことを記入しよう。

_____

_____

_____

_____

参加者カード

（例）立場　　高校生 　　　年齢　　17歳 　　　国籍　　日本	立場 年齢 国籍	立場 年齢 国籍	立場 年齢 国籍
立場 年齢 国籍	立場 年齢 国籍	立場 年齢 国籍	立場 年齢 国籍

Q 1 外国人住民に対する医療に税金を投入するよりも、日本人の医療を もっと充実すべきではないですか？

A 1 日本は 1979 年に国際人権規約の社会権規約（A 規約）を批准しまし た。その第 12 条「到達可能な最高水準の身体及び精神の健康を享受する権 利」は批准国の国民だけでなく、外国人も同様の権利が得られると考えられ ます。また、「患者の権利に関する WMA リスボン宣言」において、「法律、 政府の措置、あるいは他のいかなる行政や慣例であろうとも、患者の権利を 否定する場合には、医師はこの権利を保障ないし回復させる適切な手段を講 じるべきである」とあり、医療従事者はすべての患者が等しく医療サービス を受けることに責任があることを宣言しています。よって、日本政府はその 義務を負っています。ところが、医療通訳に関して、厚生労働省「医療機関 における外国人患者の受入に係る実態調査」によると、2017 年 10 月 1 日 現在、調査に答えた 5,611 病院中、医療通訳者を設定している病院はわず か 240 病院（4 %）にとどまっています。

Q 2 外国人対応の専門病院を設置し、外国人住民の患者をまとめて治療 できるようにすれば効率的ではないですか？

A 2 「医療ツーリズム」とは異なり、外国人住民は日本人と同様に生活圏 があるため、外国人住民だけが治療のため遠隔への移動を余儀なくされるこ とは避けなければなりません。また、救急医療の場合も想定し、医療通訳の 制度の確立および拡充が求められています。例えば、多文化共生センター ひょうごでは、患者や家族などと救急隊員の間で意思疎通を迅速にはかるた めの「多言語版 救急時情報収集シート」を作成し、ホームページで公開し ています。このような取り組みを行政と連携し、普及させていくことが求め られます。

Q 3 外国人が日本の医療機関を「ただ乗り」している例があると聞きま すが、外国人に医療機関の利用を促すことは大丈夫ですか？

A 3 厚生労働省「医療機関における外国人患者の受入に係る実態調査」 では、全国の約 47 % の病院が外国人を治療したことがあり、2018 年 10 月 1 日〜 31 日に外国人患者の受け入れ実績のある 1,965 病院において、372 病院（18.9%）に治療費の未収金がありました。治療費を回収できていない 案件の 77 % は在日外国人によるもので、残りの 23% が訪日外国人客でした。 少なくない数の在日外国人による治療費未収金がありますが、これは日本人 による治療費未収金の問題も含め解決すべき問題といえます。一方で、外国 人に対する窓口業務も含めて通訳の必要性を示唆することとも言えます。

Q 4 翻訳ソフトを用いて医療通訳を行うことはできないのですか？

A 4 国立研究開発法人情報通信研究機構（NICT）が開発した音声翻訳アプリ「ボイストラ」は、ダウンロード・利用はすべて無料で、31 言語に対応しています。ただし、翻訳は直訳になるため、現状では医療に関わる意思疎通が必ずしも円滑であるといえません。

（窪田　勉　＊テーマの背景：松田　ヒロ子）

参考文献

「患者の権利に関する WMA リスボン宣言」http://www.med.or.jp/wma/lisbon.html（2019/4/8）

「Queensland Health Interpreter Service」https://www.health.qld.gov.au/multicultural/interpreters/qhis_home（2019/4/8）

杉山明枝（2016）「現状における日本の『医療通訳システム』構築のための課題：アメリカと国内自治体における先行事例から」大妻女子大学『大妻女子大学紀要　社会情報系　社会情報学研究』25 号、pp.91-100.

厚生労働省（2019）「医療機関における外国人患者の受入に係る実態調査」https://www.mhlw.go.jp/content/10800000/000500933.pdf

厚生労働省（2018）「外国人患者の受入れのための医療機関向けマニュアル」https://www.mhlw.go.jp/content/10800000/000501085.pdf（2019/7/8）

多文化共生センターきょうと編（2014）『医療通訳』日本医療教育財団

「多言語センター FACIL」https://tcc117.jp/facil/（2019/4/8）

「多言語版 救急時情報収集シート」http://www.tabunka.jp/hyogo/119/（2019/7/8）

「東京都医師会の取り組み」https://www.tokyo.med.or.jp/inbound（2019/4/8）

〔コラム⑭〕多言語センター FACIL

　1995 年の阪神大震災での外国人被災者向けの支援が活動の出発点。神戸の NPO 法人多言語センター FACIL は、通訳派遣や翻訳をコミュニティビジネスとして行い、それを通じて外国にルーツをもつ住民に仕事や社会参加の場を提供しながら、多文化共生に向けた政策提言にとり組んでいます。

病院で通訳するベトナム語通訳者（左端）

　登録する通訳・翻訳者は約 1300 人で、これまでおよそ 60 の言語に対応。防災マップや就学通知など各地の行政情報の多言語化にも携わってきました。地域の病院と連携し、医療通訳にも力を入れています。やさしい日本語で情報を提供することで、日本人のお年寄りや子どもにも医師の説明が分かりやすくなります。多様な住民が暮らしやすいまちづくりを目標に活動を続けています。

　2013 年、医療従事者に通訳の必要性と重要性を知ってもらうために、動画『病院に通訳がいたらいいのにな―神戸のベトナム人中学生編―』を制作しました（東京ビデオフェスティバル 2013 佳作受賞）。

（片田 孫 朝日）

避難所で考えよう：合意形成と多数決

| キーワード | 多文化防災　避難所　葛藤と合意形成 |

大規模災害時の避難所に着目し、共同生活の場で浮かび上がる多文化共生の葛藤を取り上げる。多文化を尊重した民主的な意思決定と問題解決はどのようにすれば実現するのだろうか。考えてみよう。

全体を通しての留意点　本授業では災害時における多文化共生の課題が扱われることとなる。一見するとそれらは災害時特有の出来事のように思われる。しかし、平常時においても類似の課題は存在しており、そうした日常生活とのつながりに気づくよう指導することが留意点となる。

ねらい
・言語や文化に不慣れな土地で被災する経験を「身近な問題」と捉え、避難所で多文化化に由来する葛藤が生ずることを理解する。
・公共空間における葛藤について、当事者を含んだ合意形成による解決を行う必要性を理解する。
・災害時で明らかになる葛藤から平時における葛藤の存在に気づき、その解決アイデアを示せるようになる。

評価の観点
（1）避難所において定住外国人が直面する困難を具体的に認識し、その解決にあたってはマニュアルで対応しきれないことを理解する。【知識・技能】
（2）性急な多数決による意思決定にどのような問題があるのかを認識し、対話による合意形成が重要であることを理解する。【知識・技能】
（3）多様性の尊重にあたっては、定住外国人とホスト社会の双方がそれぞれの視点や考え、それらの背景を理解した上で、互いに変容していくことが求められることを理解する。【知識・技能】
（4）異なる文化背景を持つ人々が共存し、相互交流する社会を築くための方策を考え、提案することができる。【思考力・判断力・表現力など】
（5）他者の意見表明権が保障されているかを気遣い、他者の伝えようとしていることを理解できるようになる。【学びに向かう力・人間性など】

・評価の観点（1）から（3）に対し、各回のふりかえりシートの記述について、自分の言葉で表現されているかどうかの度合いよって評価する。

・評価の観点（4）に対し、第2回ふりかえりシートの「今後の方向性」に関する記述の論理性の度合いによって評価する。

・評価の観点（5）に対し、各回のふりかえりシートの自己の態度の到達点と課題に関する記述について、事実に基づいて表現されているかどうかの度合いによって評価する。

　大規模災害が起こると、被災した人々は地域の中で助けあい、支えあって生活を送っていくこととなります。この過程で平常時では関わることのなかった人々との距離も縮まることとなります。その中で多文化共生の課題が浮かび上がってくることがあります。特に避難所は一つの空間で一定期間、共同生活を行うため、そうした傾向がより顕著となります。それでは、これまでの大規模災害では多文化防災の観点から具体的にどのようなことが問題として見出されてきたのでしょうか。

　例えば、1995年の阪神・淡路大震災では、ベトナム人被災者の発災一ヶ月後の避難先について「近くの公園・広場」が際立って多くなっています（田端1997：47）。親戚や知人の家に身を寄せることが難しい定住外国人が住居を失った場合、避難所で暮らす可能性が高いにもかかわらず、公園や広場に集まった背景には、言葉の壁の問題等による避難生活の困難が指摘されています（相澤2007：43）。このような課題に直面しながら阪神・淡路大震災では、日本社会における多文化共生の課題が浮き彫りになりました。その結果、多様なボランティア活動やNPOを市民社会に生み出していき、また、行政における施策展開も進むこととなりました。現在では、大規模災害が発災したり、あるいはその見込みが立ったりした際には、様々な団体や機関、個人によって多言語での情報提供がなされるようになっています。

　そのため、2011年の東日本大震災では、災害時における多文化対応で状況改善も見られました。例えば、石巻市「『外国人被災者』調査報告書」（東北学院大学郭基煥研究室・石巻市2012：6）によれば、「他の避難者との関係は良好だった」で84%、「リーダーの指示や避難所のルールはすぐに理解できた」で92%、「他の避難生活者は、あなたが外国出身であることを知ったとき、あなたに特別に配慮してくれた」で56%が「はい」との回答がなされています。ここから多くの定住外国人が避難所で大きな困難に直面しなかったことが分かります。しかし、同報告書では「他の避難生活者は、あなたが外国出身であることを知ったとき、あなたに不快な言動をとった」で26%、「外国出身であることを、なるべく他の人に知られないようにしていた」で

26% が「はい」と回答しており、一定数の人々は不当な扱いを受けたり、不寛容な空気感を感じ取っていたことも分かります。内閣府「避難所における良好な生活環境の確保に関する検討会」においても「発災後の1~2日は周りの被災者も優しくしてくれるが、3日以降は誰も助けてくれない」「避難所へ行っても居場所がない」「宗教上の問題から食べ物が合わない」という定住外国人の声が参加委員から紹介されています（内閣府 2011：8）。こうしたことから、定住外国人は「配慮される」ということがあったとしても、いわゆる「日本人」と対等な位置に立てていないことがうかがい知れます（鈴木 2013）。定住外国人に対する組織だったあからさまな排除は認められないものの、個人的な差別や不寛容は未だに残っていると言えるでしょう。

災害は平常時の課題を増幅して噴出させるため、定住外国人の人々の困難をつぶさに見ていくことで、平常時には見えにくかったり、やり過ごされたりしている「言葉の壁・制度の壁・意識の壁」（田村 2000）をより明確に認識することができます。だからこそ、災害によって明るみにされた社会の歪みを補正していく営みが復興や減災には求められます。そうすることで、「減災サイクル」（村井 2008：212）が機能し、次なる災害が私たちの社会を襲った時に、再び問題を引き起こすことを防ぐと考えられるからです。

図1　減災サイクル

展開

展開　1時間目「災害時における多文化共生の課題」

（1）定住外国人と災害との遭遇（5分）

（2）避難所での葛藤との遭遇（30分）

（3）みんなちがってみんないい!?（10分）

2時間目「災害時における多文化共生の道筋」

（1）「話し合う」のはなぜか？（5分）

（2）「話し合う」をどう進めるか？（35分）

（3）「話し合う」のは誰か？（15分）

準備するもの

📥 はダウンロードして利用可能。ダウンロードの方法は 26 頁参照

1時間目　クロスロード用 Yes/No カード 📥（A6 紙サイズ、1人1セット）、クロスロード 📥、プロジェクター、ふりかえりシート1 📥（1人1枚）、パワーポイントスライド1 📥

2時間目　「ロールプレイング」状況カード 📥（グループに1枚）、「ロー

ルプレイング」役割カード（名札）、「ロールプレイング」役割カード（1役割1枚）、太めの水性マジック（黄色・橙色除く、1人1本）、A4紙（1人1枚）、プロジェクター、ふりかえりシート2（1人1枚）、パワーポイントスライド2

学習指導過程

（1）1時間目

時間	学習活動	指導上の留意点
導入 10分	「定住外国人と災害との遭遇」 （問題提起） ・日本で大規模災害に遭遇した外国人と、定住外国人からみる避難所の住み心地の問題 ・なぜ避難所は住み心地が悪くなるのか？（問いの提示）	・必要に応じて、自分が海外留学時に災害に遭遇した場合を想像させるなど、身近に感じてもらう工夫を最初に入れることで興味関心を喚起する。
展開 35分	「避難所での葛藤との遭遇」 （実習） ・クロスロード「多文化防災学習編」の進め方を説明する。 	

展開① 15分	・3つの問題について、読み上げ→ Yes/No の意思表明→少数派となった生徒を先に、多数派となった生徒を後にして全員が思考過程を説明→解説」を繰り返す。	・関心の幅を避難(訓練)と救急救命から押し拡げる。 ・必要に応じて避難所の写真を掲出する。 ・全員の答えが一致しても、その思考過程の違いに目を向けるように促す。
	・クロスロードを体験してみて感じたことを共有する。	・1人か2人、発言者を募ったり指名したりする。
展開② 10分	「みんなちがってみんないい⁉」 (講義) ・災害時に露わになる多文化共生の課題。「3つの壁」から生まれる疎外。 ・マニュアル化できない災害時対応。避難所における葛藤処理と「話し合い」。 	・「見えない壁」を可視化するための認識形成と対話の持つ重要性を明示する。 ・状況が災害ごとに、地域ごとに異なることから、その場その場の「判断」が求められることを確認し、避難所での葛藤処理に「唯一の正解」はないことを押さえる。そのため、問題の発見／解決策を検討する「話し合い」において多様な視点を持つことが重要であることに触れる。 ・災害時には先延ばしできない判断が求められるので、短い時間でできるだけよりよい判断ができるよう、事前に想像力や選択肢をどれだけ豊かにできているのかが問われることにも触れる。
まとめ 5分	本時のまとめ 次時の学習内容の予告 「ふりかえりシート」の記入	・公共空間における葛藤をどう扱えばよいのかという問題提起をする。

（2）2時間目

時間	学習活動	指導上の留意点
導入 5分	「『話し合う』のはなぜか？」 （問題提起） ・前回のおさらいとして「ふりかえりシート」からの気づきを紹介する。 ・避難所という公共空間において葛藤が生じ	・ふりかえりメモから一部抜粋して印刷配布 ・少数派の住み心地の悪さを改善するので、多数決による意思決定が合理的ではないことに触れた上で、話し合いによる合意形成が求められることを確認する。

	た際、どのように「合意形成」を行うか？（問いの提示） 多数決から合意形成へ 集計民主主義 → 熟議民主主義 （vote-centric）　　（talk-centric） 単純な多数決の導入は、少数派にとって常に「負け」しか訪れない。 対話を通じてまずは多数派が少数派の人々の考えやその背景を知り、その上で話し合いを通じて、考えを相互に浸透させていき（＝AかBかではない新たなアイデアをつくる）、合意形成を図る。	
展開① 30分	「『話し合う』をどう進めるか？」 　　　　　　　　　　　　　　　（実習） ・避難所での葛藤解決に関するロールプレイング ・5人1組のグループをつくり、その中でそれぞれが演じる役割を決定し、指定された状況の問題解決策を検討する（20分） ・公共空間における葛藤について話し合っていく上で何が大切なことになると思ったかをA4紙にマジックで箇条書きした後、グループ内で発表共有する。	・役割になりきって話し合いが行われるように、エンロール（役柄を自分の内面に入れ込む）の時間を必要に応じて設ける。 ・定住外国人が抱えている葛藤が丁寧に扱われているかを注視し、話し合いが早く終わりそうになっていれば、より深く検討すべき論点を示したり、生徒の考えと対抗する意見を提示したりする。 ・時間があれば、1人か2人、発言者を募ったり指名したりして、全体共有を行う。
展開② 10分	「『話し合う』をどう進めるか？」 　　　　　　　　　　　　　　　（講義） ・葛藤解決のための話し合いを成り立たせるための場づくりの課題。  ・「みる・きく・はなす・きめる・やってみる・みなおす」のサイクル。	・葛藤は表明されないと気づかないため、少数派が少数者として感じていることを表明しやすくする多数派の環境づくりが問われることを押さえる。 ・様々な思いや考えが表明される中での合意形成は難しく、「合意することへの合意＝最小限の合意」をつくった上での互譲や解決策創出につなげていくという流れを確認する。この際、最初から最適な解を得られる可能性は低いことから試行・検証・改善のループを早期に回すことが重要であることを押さえる。

展開③ 10分	「『話し合う』のは誰か？」 （講義） ・避難所での葛藤は日常生活の中でも生じていないだろうか。災害時だけではなく平常時にも「話し合い」は持たれているだろうか。（発問） ・open to all としての公共性を保つ重要性と現実生活の中の課題。 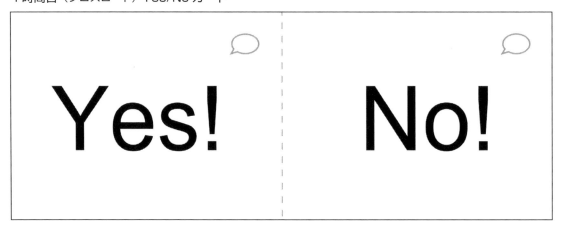	・地域に多様な人々が暮らし、その中で差異がせめぎあっていることが避難所では顕現化されることを確認する。 ・地域に住む人全員のことを、全員で考える「自然さ」と現実社会で線引きのある「不自然さ」のズレに目を向けるように促す。
まとめ 5分	本時のまとめ 「ふりかえりシート」の記入	・授業時間に余裕があれば、外国人の参政権や地縁団体の役員就任にかかる弊習にも触れる。 ・記入時には、生徒の日常生活の中の出来事に意識が向くよう、必要に応じて例示する。

内の図：

多様な人々が共に暮らしている私たちの社会
（その中での「ちがい」による葛藤が明らかになる避難所）

住む人全員のことを全員で考える：「自然なこと」
⇅
現実社会に線引きのある「不自然さ」

「公共的」という言葉の根本には「公開性」（Open to All）がある

授業で用いる資料・ワークシート

１時間目（クロスロード）Yes/No カード

Yes!　　No!

クロスロード（多文化防災学習編）

あなたは避難所の住民リーダーです。「みんながホッとする避難所」を掲げて運営してきましたが，複数の住民から「災害に乗じて外国人が盗みを働いているという噂を聞いたので，この避難所の中に入れて欲しくない。外国人専用の避難場所を別に設けて欲しい」との申し入れがありました。あなたは外国人専用の避難場所を設けますか，設けませんか。

Yes-設ける。　　No-設けない。

クロスロード（多文化防災学習編・解説文）

巨大災害が起こると人々は，今そして今後，何が起こっていくのか，起こる出来事にどう対応していけばいいのかと不安になります。そこで、見通しをつけたり判断をしたりするために情報を求めます。しかし，災害時に必要な情報を十分に得られることは珍しく，不安は深まっていきます。そうした状態の中で，日常の中で薄らと「そういうことがありえるかも」と漠然と抱いていることと一致するデマが流れてくると，事実かどうかに関係なく，一定の割合で流布していく現象が見られます。こうした情報環境のもとで共同生活を続ければ，外国人が差別や暴力，誹謗中傷にさらされる危険性があるでしょう。その意味で居住空間を「分ける」ことは安全確保につながります。しかし，それだけであれば，デマを流していたり信じている人々の誤認は修正されずに，分断の溝を深めてしまう可能性もあります。SNSの発達で不確実な情報が出回り，時に対立が煽られる中で，住民の不安を和らげて冷静に事実に基づく判断をできるようにした上で，すべての人の安全を確保していくにはどうすればいいか。実際には難しい課題です。

「クロスロード（多文化防災学習編）」2問目

> ### クロスロード（多文化防災学習編）
>
> あなたはイスラム教徒です。イスラム教徒は宗教上の理由から豚肉を食べられないのですが，炊き出しの定番料理は豚汁です。また，炊き出しではどのような成分の調味料が使われているのか分からずに困惑しています。あなた以外はみんな美味しそうに食して満足していますが，あなたはその輪に入れずにいます。私も食べられるものをメニューに加えて欲しいのですが，避難所のリーダーにそのことを申し出ますか，申し出ないですか。
> *イスラム教の食事上のタブーをどこまで厳しく考えるのか，
> その度合いには個人差がありますがあなたは非常に厳格に考えているとします。
>
> ## Yes-申し出る。　　No-申し出ない。

「クロスロード（多文化防災学習編）」2問目（解説文）

> ### クロスロード（多文化防災学習編・解説文）
>
> 巨大災害時には，多量かつ多様なニーズが被災地に溢れかえります。こうした中で，効率的に物事を進めようとすれば，多くの人々に共通するニーズが優先され，多数派の考え方が基軸となっていきます。その多数派の人々も一人ひとりは何らかの「がまん」をしていることが多いため，少々の違いには目をつぶろうという暗黙のルールができ上がっていきます。お互いに「がまん」をしあっていることから，少数派の人々が特別な事情を申し出にくい空気感が避難所を覆っていくのも自然な流れです。しかも，アレルギーや宗教的禁忌など，様々な事情が共有されたとしても，そのことを踏まえて，その場にいる人の全員が満足する状況を作り出すことは容易ではありません。限られた資源や労力，時間の中で対応できることには一定の幅が生じます。何について，どこまで，どのように細やかな対応を行うのか。そこにはマニュアル化できないその場その場での判断が求められることになります。

クロスロード（多文化防災学習編）

あなたは定住外国人と接したことのない地域住民です。私たちの避難所の仮設トイレは水洗化されていないため、使用済みトイレットペーパーを備付のゴミ箱に捨てるようにしています。しかし，外国人の人たちがそのルールを守っておらず，迷惑しています。あなたはルールを守らない外国人に対して，厳しい態度で注意しますか，注意しませんか。

Yes-注意する。　　No-注意しない。

「クロスロード（多文化防災学習編）」3問目（解説文）

クロスロード（多文化防災学習編・解説文）

避難所での代表的な問題の一つとして，トイレ問題が示されます。日本語を自由に使いこなせる人々の間でも仮設トイレの使い方が分からなかった人が一定数いたようです。言葉の壁があったり，また和式トイレに不慣れであったりする外国人にとっては，最初からうまく使いこなせないことは十分に考えられることです。普通に考えれば，困難や問題に気づいたところで，周りの人々が注意したり助言したりすることが求められますが，避難所での日常的に付き合いのない人との共同生活の中では，他者の振る舞いに対して，直接的に注意をすることにためらいが出るのも当然なことです。いっときのこととして目をつぶっている内に問題が放置されることもあるでしょう。「みんなに伝わる表現」「互いに伝えやすい表現」について，どのような方法があるのか，試行錯誤が繰り返されています。

災害で試される多文化共生(1)

ふりかえりシート

クラス：_____ なまえ：_____

1. 今日の授業を終えて，私の「いま・ここ」の気持ちを一言で言うと…

2. 今日の授業の中で，私の印象に残った事柄や言葉，できごとは…

　　>>このことを受けて，私が感じたことや気づいたこと，学びになったことは…

3. グループワークの中での私の動きを振り返ると

　　　a. 私が自分の気持ちや意見を述べることができた程度は

　　>>どうして、そうできたのでしょうか／できなかったのでしょうか？

----

　　　b. 私が他のメンバーの気持ちや意見を聴くことができた程度は

　　>>どうして、そうできたのでしょうか／できなかったのでしょうか？

----

page1

避難所で起こる葛藤の解決策を考えよう（ロールプレイング）

避難所では，情報共有や助け合える関係性を円滑化するためのコミュニティづくりや，心身の健康確保のためのリフレッシュを進めるべく，レクリエーションの時間がボランティアによって設けられており，書道や童謡の歌唱などが行われています。できるだけ多くの人に参加してもらいたいと思って，特に地域のつながりの薄そうな在日外国人にも多言語で呼びかけていますが，なかなか参加がありません。そこで，自治会長の呼びかけのもとでどうすればいいのかを話し合う場が設けられました。

「ロールプレイング」役割カード

定住外国人	自治会長
ボランティア	若者
高齢者	中年 （人数が多い時のみ使用）

「ロールプレイング」役割カード（在日外国人）

避難所で起こる葛藤の解決策を考えよう（ロールプレイング）（役割カード）

あなたは，来日まもない定住外国人（一世）です。「やさしい日本語」での日常会話はできるようになりましたが，まだ「よそもの」という感覚で周囲に遠慮しているところがあります。地域の方々と知り合いたいという気持ちはあって，多言語表記でのレクリエーションの誘いに対して「ありがたいなぁ」と感じていますが，漢字はうまく書けませんし，日本の歌もさっぱり分かりません。参加したら恥ずかしい思いをするし（時にはバカにされている気分にもなる），周りの足を引っ張ることにもなると考えて，参加できずにいます。

「ロールプレイング」役割カード（自治会長）

避難所で起こる葛藤の解決策を考えよう（ロールプレイング）（役割カード）

あなたは自治会長です。会議では進行役として，（1）まずはレクリエーションを提供しているボランティアの人に，（2）次に在日外国人の人に，（3）その上で，みんなが参加するべきかどうかについて話し合い，（4-1）全員参加を目指すのであれば，どのような改善や配慮をすべきかを検討してください。（4-2）全員参加を目指さないのであれば，コミュニティづくりをどのように進めるのかを話し合ってください。この際，話し合いが意見を並べるだけではなく，全員が納得する解決策を見出すようにしてください（ただし，多数決は行わないこと）。加えて，議論の経過をみんなが見えるように出た意見をＡ３紙に箇条書きで書くようにしてください。

「ロールプレイング」役割カード（ボランティア）

避難所で起こる葛藤の解決策を考えよう（ロールプレイング）（役割カード）

あなたは，レクリエーションのプログラムを企画して，提供しているボランティアの住民です。在日外国人への配慮も十分にしていきたいとも思っています。

「ロールプレイング」役割カード（若者）

避難所で起こる葛藤の解決策を考えよう（ロールプレイング）（役割カード）

あなたは，若者の代表として会議のメンバーに入っている住民です。あなたもレクリエーションの内容が高齢者向けで興味を持てないため参加しておらず，そのことに課題は感じています。

「ロールプレイング」役割カード（高齢者）

避難所で起こる葛藤の解決策を考えよう（ロールプレイング）（役割カード）

あなたは，高齢者の代表として会議のメンバーに入っている住民です。動くことも減って，気分も沈みがちな避難所生活の中で，レクリエーションの時間は地域の人々と交流しながら，心身を弾ませられることから，毎日楽しみにしています。おかげで，新しい友人もできて，心細さは解消されてきています。

「ロールプレイング」役割カード（中年）

避難所で起こる葛藤の解決策を考えよう（ロールプレイング）（役割カード）

あなたは，中年の代表として会議のメンバーに入っている住民です。レクリエーションの時間には特に関心を抱かず，参加もしていませんが，避難所生活が長引く中でルーズになってきているゴミステーションの管理当番の徹底について問題だと思っており，みんなが集まったこの機会に話し合えればと考えています。

この役割は6人1組の時にだけ用いてください

2時間目「ふりかえりシート」

災害で試される多文化共生(2)
ふりかえりシート

クラス：＿＿＿＿＿＿＿　なまえ：＿＿＿＿＿＿＿＿＿

1. 今日の授業を終えて，私の「いま・ここ」の気持ちを一言で言うと…

2. 今日の授業の中で，私の印象に残った事柄や言葉，できごとは…

　>>このことを受けて，私が感じたことや気づいたこと，学びになったことは…

3. グループワークの中での私の動きを振り返ると

　　a. 私が自分の気持ちや意見を述べることができた程度は

　　　　1　　　2　　　3　　　4　　　5　　　6
　　　できなかった　　　　　　　　　　十分できた

　　>>どうして、そうできたのでしょうか／できなかったのでしょうか？

　　---

　　b. 私が他のメンバーの気持ちや意見を聴くことができた程度は

　　　　1　　　2　　　3　　　4　　　5　　　6
　　　できなかった　　　　　　　　　　十分できた

　　>>どうして、そうできたのでしょうか／できなかったのでしょうか？

　　---

4. 今回は災害時における多文化状況の葛藤について扱いましたが，あなたの日常生活の中で起こり得そうな「葛藤」の場面や状況をあげてみてください。そして，その際にあなたはどのような行動をとったり，提案をしたりするのかを示してみてください。

page2

Q 1　災害の時はみんな我慢すべきではないですか？

A 1　災害時には個々人の思い通りの生活ができなくなり、何らかの我慢が求められることは当然のことです。しかし、人によって何を我慢できるのか／できないのかは異なってきます。特に被災者としての生活が長期化する場合、自分にとって我慢できないことや我慢したくないことを抑え込み続けて忍従することは大きなストレスとなり、別の問題を誘発しかねません（例えば、不眠症やアルコール等への依存、DV行為など）。ですから、それぞれが生活の中で何を大切にしていきたいのかを把握し、お互いに配慮しあったり、助け合ったりすることが求められます。災害時には非日常な負担が大きくのし掛かっているからこそ、尚一層一人ひとりの人権尊重への注意深さが求められるのではないでしょうか。

Q 2　外国人専用の避難所をつくったら問題は解決するのではないでしょうか？

A 2　特別な支援ニーズを持つ人々を対象とする避難所の一例として既に福祉避難所があり、外国人専用の避難所というアイデアも確かに考えられます。支援をする側からしても、効率的にニーズ把握やサービス提供が実現しやすくなります。しかし、それはともすれば、いわゆる「一般的な避難所」にいる人々が、同じ地域に暮らす定住外国人の課題を認識することを難しくします。分離されて不可視化されることで、偏見に起因する恐怖感が増長されてしまうことも考えられます（例えば、盗難等の事件が多発した時に、それは外国人のせいではないのかと疑ってしまうなど）。災害時には様々な不安が生じますが、その不安感と外国人へのいわれなき恐怖感が不幸な結びつき方をすることで、地域の中における不寛容が広がってしまう可能性もあります。このような悪循環に陥らないためにも、何らかの共同性／交流性を保つことが求められるのではないでしょうか。

Q 3　緊急時だから、だらだら話し合っているより、さっさと決めた方がよくないですか？

A 3　もちろん、いつまでも話し合っていては、時宜を逸してしまうことがあり、適当なタイミングでの決断は求められます。しかし、何らかの意思決定を行う際に、取り返しのつく決断と取り返しのつかない決断があります。多数派が軽薄な考えで決定したことで、少数派が大きな負荷を背負ってしまったり、あるいは疎外感を感じてしまったりして、避難所を後にしてしまうことも起こり得ます。ですから、決断をする時にはどれだけ判断材料を増やして、多面的な吟味を行えるのかが問われます。緊急時に迅速さが求め

られるのであれば、平常時での交流を通じた「理解の深さ」が備えとして求められることでしょう。もちろん、誤りなき決断を常にし続けることは難しいことです。その場でなされた決断に不具合が見出されれば、すぐに修正していくという「修正に開かれた決断」であることを関わりのある人々に提示することが必要となります。 　　　　　　　　　　　　　　　　　　　　　（川中　大輔）

参考文献

相澤亮太郎（2007）「阪神・淡路大 震災におけるテント村の形成と消滅：災害後に“住み残る”ことの困難」『兵庫地理』52 号、39-46 頁

ウィル・キムリッカ、千葉眞・岡崎晴輝訳（2005）『現代政治理論［新版]』日本経済評論社

斎藤純一（2000）『公共性』岩波書店

鈴木江理子（2013）「震災が露わにした移住者たちの現在─『共に生きる』とは？」『学術の動向』2013 年 11 月号、10-18 頁

田端和彦（1997）「神戸市における在日ベトナム人の居住状況─阪神・淡路大震災前後での変化」『都市住宅学』18 号、42-49 頁

田村太郎（2000）『多民族共生社会ニッポンとボランティア活動』明石書店

東北学院大学郭基煥研究室・石巻市（2012）『石巻市「外国人被災者」調査報告書』外国人被災者支援センター

村井雅清（2008）「『減災サイクル』と新たな価値の創造」菅磨志保・山下祐介・渥美公秀編『災害ボランティア論入門』弘文堂、211-234 頁

矢守克也・吉川肇子・網代剛（2005）『防災ゲームで学ぶリスク・コミュニケーション─クロスロードへの招待』ナカニシヤ出版

内閣府「避難所における良好な生活環境の確保に関する検討会」第 2 回会議
http://www.bousai.go.jp/taisaku/hinanjo/h24_kentoukai/2/pdf/gaiyou.pdf（アクセス日：2018 年 9 月 23 日）

〔コラム⑮〕民主主義と多数決

　民主主義と多数決について考える上で参考になるものの一つに、かこさとし作・絵『こどものとうひょう おとなのせんきょ』（復刊ドットコム、2016 年）という絵本があります。野球やサッカー、ドッチボールや鬼ごっこなど、様々な使われ方をしている児童館前の広場について、子ども達が自らの手で利用ルールを決めようと試行錯誤する物語です。一定の話し合いの後には多数決を行って同意を調達することが民主主義だと考える子ども達は、少数派になった側の不満が表面化する度に多数決を繰り返し、行き詰ってしまいます。そこで、多数決によらない形での合意形成を目指すこととなるのですが、この話からは成熟した民主主義の実現を考える上で三つの示唆を見いだせます。

　一つ目は、子ども達が多数決の問題点に気づいたところです。民主主義は「すべての人間を個人として尊厳な価値を持つものとして取り扱おうとする心」（文部省 1995：1）を根本精神としています。一人ひとりの人権と自由が尊重／保障されるには、多数派／少数派に関係なく個々の意見が聴かれる機会が守られなければなりません。だからこそ、民主主義では単純な多数決で少数派を抑え込むことを良しとはしません。議論の場で多数派が少数派の存在と意見に出会い、多数派の認識に変容が起こる中で合意を形成する過程が民主主義では目指されるのです（杉田 2001：31）。

　二つ目は、子ども達が異議申し立ての声に耳を傾けて、一度決めたルールを柔軟に変えていったことです。何らかの意思決定がなされることで影響を被る／被った人々の意見表明の機会を保障することは、民主主義で大切にされるべき事柄の一つです。ただし、完全な全員一致を目指せば物事を決められなくなったり、中途半端な意思決定になったり、時間がかかり過ぎたりしてしまう恐れもあります。ですから、適当なタイミングで決めてみた後、開放性と柔軟性を保って、過ちの発見／修正を繰り返しながら、よりよい決定に近づけていくこととなるのです。

　三つ目は、子ども達が「どうすればいいか」を自分たちで考えていることです。ギリシア語の demos・kratos（民衆による統治）を語源にもつ民主主義（democracy）が機能するためには、社会構成員の一人ひとりに統治者としての気構えが求められます。子ども達は自分たちの意見を述べて、後は大人に「決めてください」とは言いませんでした。被治者として「○○してください」と意思決定者への訴願（アピール）を行うだけではなく、統治者の一人として「○○できるようにはどうすればよいか」という問いを立てて、そこから生ずる意見（オピニオン）を提起／実践していく市民が増えることで、民主主義は実質化されていくのです（丸山 2014：109）。

　民主主義は政体の一つを指すだけではなく、このように意見や利害の異なる多様な人々が共生するための作法をも意味します。グローバル化に伴って移動する市民が増え、社会の中の多様性は高まっています。多様性を尊重しながら生活／政治を共に創り上げていくにはどうすればよいのかという問いは民主主義を巡る現代的課題の一つとなっています。　　　　　　　　　（川中　大輔）

参考文献

ジェームズ.A.バンクスほか、平沢安政訳（2006）『民主主義と多文化教育─グローバル時代における市民性教育のための原則と概念』明石書店

杉田敦（2001）『デモクラシーの論じ方─論争の政治』筑摩書房

丸山眞男（2014）「政治と台所の直結について─それが何であるか、又それが何でないか」『現代思想』42（11）、107-109 頁

文部省（1995）『民主主義─文部省著作教科書』径書房

〔コラム⑯〕どうして食べないの？災害時でも食べてはいけないの？

ビジネスや観光で日本を訪れる外国人や、日本で生活している外国人の増加に伴い、アレルギーや健康上の理由により「食べられないもの」がある人や、ベジタリアンや信条により「食べたくないもの」がある人、また宗教上の戒律により「食べてはいけないもの」がある人が増加しています。みなさんはアレルギーについては聞いたことがあるかもしれませんが、ベジタリアンや宗教による食の禁忌とはどのようなものでしょうか？

ベジタリアンとは「菜食だけ」または「菜食に加えて卵や乳製品」を食べる人の総称です。ベジタリアンになる理由は、命ある生き物を大切にしたいという思い（動物愛護）、家畜の飼育には大量の水や穀物が必要となり環境負荷が大きいため（環境保護）、美容や健康を意識しているため（ライフスタイル）の大きく3つに分けられます。

宗教による食の戒律については、例えばユダヤ教では豚や馬、イカやタコ、エビやカニ、貝などは食べてはいけないと定められています。またイスラム教では豚とお酒を食べてはいけないとされています。その理由は「神様が決めたから」ですが、神様との約束をどれだけ厳格に守るかは、宗派や地域、個人により差があり、たとえ同じ家族であっても親と子で異なることもあります。

ところで災害などの非常時でも、食の禁忌は守らないといけないのでしょうか？例えばイスラム教の聖典クルアーンでは、知らずに食べてしまった場合や、命の危機にあり他に選択肢がない場合は食べても許されると書かれています。しかしこれは災害時であればイスラム教の被災者に豚やお酒を使った料理を提供しても良いということにはつながりません。避難所に集まる人々の多様なニーズを把握し、できる範囲で対応していくことが求められます。

そんな時に役に立つのが、誰にでも分かりやすいピクトグラム（絵文字）と14言語で構成された「避難者登録カード」です。病気や怪我の状態を表したピクトグラムのほかに、食べられない食材についてのピクトグラム「フードピクト*」が掲載され、言葉や文化の違いを超えた正確な意思疎通をサポートします。このカードは地方公共団体の国際化を推進している自治体国際化協会から、全国の自治体とその避難所に向けて無償で提供されています。　　　　（菊池　信孝）

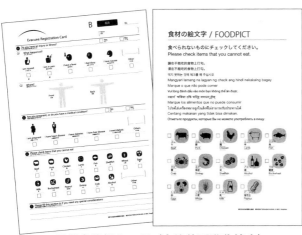

避難者登録カード（自治体国際化協会）
http://dis.clair.or.jp/open-data/dis-evacuee-card/index/1

＊フードピクトは株式会社フードピクトの登録商標です。

ルーツから考えよう
：アイデンティティと政治参加

キーワード　アイデンティティ　在日コリアン　政治参加

さまざまなアイデンティティをもつ外国籍市民と日本人がともに暮らしていくために、それぞれが日本社会で抱える課題を理解し、それらを解決していくための政治参加のあり方にはどのようなものがあるか、在日コリアン、渡日韓国人、外国人の課題を考えてみよう。

全体を通しての留意点　授業時間3時間からなるこのプランは、目の前の生徒から、多文化化する日本の政治参加を考えてゆく。一方、地域の国際化は、戦前から在日コリアンが多い地域、ニューカマーが多い地域、あるいは、ほとんど日本人しか住んでいない地域など多様である。したがって、1時間目は、指導案Aと指導案Bと2地域の学校でできるように作成した。

　指導案Aは、ある程度、多様な外国籍、ルーツを持った生徒の多い学校向けであり、帰国子女の多い学校もこれに当てはまる。指導案Bは、一般的なほとんど日本人のみの学校に適している。

　外国籍の生徒がいるクラスは少ないので、2018年の高校生のインタビューを使って理解を深めてみる。そのような生徒がいたら、事前に許可を得るか、配慮して意見を発言しやすい雰囲気をつくる。逆に当事者として無理に思いを語らせない配慮も必要である。一般的に最近外国人が増えているが、数世代前から日本に移動してきた人々もいることを生徒たちに理解してもらう。これは指導案Aタイプとしたい。

　指導案Bタイプは、日本人が大多数で、外国籍の生徒（在日コリアン含む）がごく少ない高校向きの学習プランになっている。そのような学校でも指導案Aで時間はかかるものの、ロールプレイ（多様な生徒を経験してみる）を実施する1時間目を、指導案Aタイプの変形として、各校にカスタマイズして行ってみることもできる。

　また、在日コリアンに代わって、ブラジル系移民の生徒、中国残留孤児・婦人の家族の生徒、ベトナム難民の子孫の生徒、中華系の生徒、ニューカマーの子女なども増えている。いずれも日本国籍を持たずに日本で市民的な権利、政治参加にアクセスが不十分な生徒、多くはマイノリティの生徒たち

である。つまり、各地域性を生かして組みかえることも想定できるし、そのように工夫されたら良い。

　さらに、この教育実践では、広範に政治参加を取り上げているが、公務労働の就任権、外国人の参政権にしぼってこの授業ワークを行うことも可能である。また、人権問題に関わって行う授業プランとして実施してもらっても良い。

ねらい

・「政治参加」の課題にむけて、市民としてのマイノリティへの合理的配慮や、社会的包摂の必要性について思考して判断できるようにする。
・同世代の共感をもって、日本の市民社会のパートナーの認知と、マイノリティ生徒、マイノリティの人々とつながりながら共生できる生徒を育成し他者の痛みや願いを知ること、それに対して、日本の市民社会はどう変わるべきかの意見交換してみる。
・日本に共に生きる同年代の若者（在日コリアン、韓国留学生含む）が抱えている課題について生徒たちが考える際や、それらの解決にむけては、予備知識の習得が必要となる。
・日本人の生徒と在日コリアンの生徒が交流できる学校は少ない。そこで、2018年に在日コリアン生徒、韓国からの留学生にインタビューを実施した。授業においては、アイデンティティにまつわる政治的課題の問題提起も含めて、多文化共生の課題、シティズンシップ教育の課題としての「政治参加」の理解を得ることをめざしたい。

評価の観点

（1）在日コリアンの社会的地位について知る。また、参政権をはじめ政治に参加する権利が違っていることを知る。【知識・技能】
（2）多様な政治参加のあり方があることを示す。【知識・技能】
（3）マイノリティの立場に立ったものの見方を提示できるようになる。【思考力・判断力・表現力など】
（4）マイノリティの政治社会の課題、外国人参政権等を考えることができる。【思考力・判断力・表現力など】
（5）異なる意見によって生じる対立案を整理し、合意できる案を提案できるようになる。【学びに向かう力、人間性など】
（6）社会問題の解決や現状の改善に向けて、積極的に社会に参画するようになる。【学びに向かう力、人間性など】

評価方法

　多文化共生のための「アイデンティティと政治参加」から学んだことを、上記の評価の観点を示し、総括的に生徒に書かせる。以下のようなレポート

（宿題）を出す場合は別途評価とする。「ディスカッション」の深まりを評価するのも良い。

評価用ワーク例（宿題として出すとよい　ミニレポート題）

Q1　在日コリアン（あるいは外国人）の参政権をはじめ、政治に参加する権利が違っていることは何でしたか。

Q2　自分と違う出自（日本人、在日コリアン、韓国人）の生徒のことで考えたことを述べよ。

Q3　地球市民として、同じ日本に生きる個人が、外国人の課題で、改善すべきことは何だと思うか述べよ。

Q4　今回の課題をより良く解決するために努力（知る・語る・動く）するには何をしたら良いと思うか。

Q5　この数時間の授業から理解できた課題について考えたことを述べよ。

テーマの背景　シティズンシップは、単に国籍のような法的地位の側面だけでは語れなくなってきています。とりわけヨーロッパでは、複数の国籍を保持することが認められるようになってきていますが、それは自分の出自に関わる国々のアイデンティを引き継いで生きる可能性を認めているからです。

　多文化共生のためのシティズンシップ教育では、アイデンティティの問題は避けて通れません。例えば、日本において長い間エスニック・マイノリティとして生きてきた在日コリアンは、言語や、社会的価値観、信仰、食習慣、慣習などの文化的特性を共有するエスニシティを一部継承しつつも、4世にもなれば日本人とほとんど同じ生活様式になる人も多くなっています。在日コリアンの生徒の中には、自らのルーツがもつ歴史性や在日コリアンに対する差別ゆえに、アイデンティティの葛藤に直面し、混乱した青年期を迎えざるを得ない人もいます。日本国籍を取得する人も増えていますが、在日コリアンを自認する人の多くは、日本人とほとんど同じ生活様式になったとしても、韓国・朝鮮籍だけは保持しています。

　彼らが単純に日本社会に同化することで問題が解決されないのは、彼らの先代からの祖国への思いと、日本国籍を取得して「日本人になること」への複雑な思いを生んできた経緯が、この東アジア社会、日本社会にあったためです。アジア太平洋戦争後、サンフランシスコ講和条約を結んだ際、日本の植民地の解放と同時に旧植民地出身者の国籍問題も解決すべきでしたが、そうはならなかったことが大きく関わっています。そのため、在日コリアンは何世代にも渡り市民として日本で生活しながら、国籍が異なることを理由に今も参政権が認められていません。

近年様々な国で見られるナショナリズムの台頭により、移動先の国家では、外国人、移民、難民が排除されやすい環境になっています。日本では、外国人の基本的人権の地方参政権が付与されていません。さらに、日韓関係の悪化なども手伝って、2013年頃から在日コリアンに対するヘイトスピーチと呼ばれる現象が増加しました。このように、在日コリアンのアイデンティティは、今も日韓政治問題もあり、国内のナショナリティとの軋轢を起こしています。在日コリアンの若者が抱える問題は、この新しい21世紀の世界状況と、日本においては20世紀からの東アジアとの交流（植民地支配を含む）の中で政治的に生まれてきたのです。しかし、このような経緯、背景から生じる、在日コリアンが直面する困難について、日本人生徒の理解は必ずしも十分とは言えません。

　一方、外国人の集住が進んでいる地域においては、市町村レベルで在日コリアン以外の外国人をも取りこみながら外国人市民会議などができてきており、地域の生活課題について、彼らの声を聞く機会が設けられつつもあります。在日コリアンのような特別な歴史性をもつ外国籍市民や、その他のルーツをもつ外国籍市民が日本人とともに暮らしていくためには、それぞれが日本社会で抱える課題を理解し、解決していくための政治参加のあり方を考えることが、これからますます重要になってくるのではないでしょうか。その意味において、生徒が同世代の在日コリアンのアイデンティティと困難を、政治的課題として検討してみることは、多文化共生社会を実現する上でも極めて重要な意味を持つはずです。

展開	

1時間目　それぞれの高校生の願いを聞く
・自分と違う生まれ（ルーツ）のアイデンティティを聞いて知り考える。
2時間目　願いを実現する政治参加の方法を知る
・自分と他者（マイノリティ）が幸せを得る政治を考える。地方参政権、川崎市外国人市民代表者会議等。
3時間目　高校生のできる可能性や政治参加の実践方法を考えてみる
・自分と他者（マイノリティ）が幸せを得る政治を考える。デモ、請願権、ロビーイング等

準備するもの	

DOWNLOAD はダウンロードして利用可能。ダウンロードの方法は26頁参照

・教室で、6人で6つの机で1つのテーブルをつくる。模造紙・ポストイット・サインペンがあると良い。
・ワークシート **DOWNLOAD**、資料1〜9、情報カードで必要なものを準備しておく。

　　　在日外国人の人権をはじめて取り扱う学校では、下記の PPT 資料による事前指導を 5 分行ってから入ると良い。

- 「アイデンティティと政治」パワーポイントスライド 🔽DOWNLOAD （事前指導用）。このスライドは、授業に先立ち、在日コリアンの人権・教育状況を生徒に理解してもらうために活用可能です。

1 時間目　A 指導案（多様な生徒が存在する学校編）　展開（1／3）

時間	学習活動	指導上の留意点
導入 15 分	**一部マスコミの、日本の韓国への差別的侮蔑的対応の現状を考える**	
	Q「K-POP の好きな皆さんは、最近のマスコミ報道をどう思うかな」 K-POP、韓国文化大好きの生徒から、日本社会の風潮で感じていることを発言してもらう。	・マスコミ批判から多文化共生の必要性を高校生目線で確認する。
	それぞれの生まれルーツを知る	
	・グループを、A 韓国の留学生 B 在日コリアンの生徒 C 日本人（留学経験あり）にわける。他日本人は好きなテーブルに付く。 ・3 グループできないときは、事前アンケート（資料 1 ～ 6 を提示する）を参考にしながら考える。	・ナショナリティを表明したくない生徒の人権を守るよう配慮する（できれば事前に、授業内容を生徒たちに紹介し、納得を得たいが、個人として立場を明らかにしたくない生徒には、無理に自己開示させない）。 ・グループは必要に応じてカテゴリーを考えさせる。 ・地域によっては、生徒のルーツが違うので、十分にマイノリティの声が出せる場作りをする。 ・付録のパワーポイント教材「アイデンティティと政治」を使用すると、在日コリアンの理解が進む。
展開 30 分	**課題・問題の提示（日韓市民社会の多文化共生への課題）**	
	・模造紙に、日本と韓国を明記して、それぞれの国の課題を、付箋紙に貼る。 Q「日本と韓国社会にどんな人権、政治参加の課題がありますか？箇条書きであげてみよう。」 ・どんな課題があるかを思いつくだけあげる。そして、その課題を分類する。	・在日コリアンの生徒の日本政府への要望のアンケート調査の項目を参考に、事前アンケートを取っておく。できればサンプルは 40 人を超えたい。 ・多様な生徒がいるクラスでなければ、A 学園の在日コリアンの生徒と韓国生徒のインタビューを読ませて、考えさせる。資料 3 ～資料 7。資料 5 と 6 は読み上げると良い。

まとめ 5分	・出された課題を、グループごとに、全体に報告する。 ・本日の授業の考察をワークシート1－Aにまとめる。 ・授業の感想記入。	模造紙ワークは、次回まで教室に掲示しておく。

1時間目　B指導案（日本人が多数を占める高校編）　展開（1／3）

時間	学習活動	指導上の留意点
導入 15分	**一部マスコミの、日本の韓国への差別的侮蔑的対応の現状を考える** Q「K-POPの好きな皆さんは、最近のマスコミ報道をどう思うかな」 K-POP、韓国文化大好きの生徒から、日本社会の風潮で感じていることを発言してもらう。 **A韓国の留学生とB在日コリアンの生徒が生まれルーツや人権、政治参加について感じていることを知る** ・事前アンケート（資料1～6を提示する）を参考にしながら、考える。	・マスコミ批判から多文化共生の必要性を高校生目線で確認する。 ・ナショナリティを表明したくない生徒の人権を守るよう配慮する（できれば事前に、授業内容を生徒たちに紹介し、納得を得たいが、個人として立場を明らかにしたくない生徒には、無理に自己開示させない）。 ・グループは必要に応じてカテゴリーを考えさせる。 ・地域によっては、生徒のルーツが違うので、十分にマイノリティの声が出せる準備をする。 ・付録のパワーポイント教材の「アイデンティティと政治」を使用すると在日コリアンについて理解させることができる。
展開 30分	**課題・問題の提示（日韓市民社会の多文化共生への課題）** ・模造紙に、日本と韓国を明記して、それぞれの国の課題を、付箋紙に貼る。 Q「日本社会が、多文化共生社会になるために、在日コリアン、韓国留学生への対応で、どんな人権、政治参加の課題がありますか？簡条書きであげよう」 ・どんな課題があるかを思いつくだけあげる。そして、その課題を分類する。	・在日コリアンの生徒の日本政府への要望のアンケート調査の項目を参考に、事前アンケートを取っておく。できればサンプルは40人を超えたい。 ・多様な生徒がいるクラスでなければ、A学園の在日コリアンの生徒と韓国生徒のインタビューを読ませて、考えさせる。資料3～資料7。資料5と6は読み上げると良い。
まとめ 5分	・出された課題を、グループごとに、全体に報告する。 ・本日の授業の考察をワークシート1－Bにまとめる。授業の感想記入。	模造紙ワークは、次回まで教室に掲示しておく。

2時間目　展開（2／3）

時間	学習活動	指導上の留意点
導入 5分	前時の願いや課題をまとめる。	・前時の模造紙を掲示する。まとめ資料が必要なら、資料や情報カードから選んで配布する。 ・前回の欠席者に、その内容が伝わるように伝える。
展開 40分	**外国人の政治参加、人権保障について議論する** ・日本の政治参加・人権の保障はどうあるべきか、ディスカッションする（前回の生徒グループの問題提起（資料7）に）。 Q「どうやって、前時の課題について、私たち市民社会が応えてゆくべきか方法を考えてください。また、情報をネット検索してください」 ・議論をシェアする。 **外国人参政権について議論する** Q「各国の外国人参政権のあり方をネット検索（注）で調べてみよう」 ・外国人参政権について議論する。 ・その方法を議論する。	・グループを再編して、出席番号順に、機械的にグループをつくる。そうすると前回の各グループの議論を生かしてより深い議論ができる。 ・川崎の例（情報カード4）が唯一でなく、他の事例も探させる。また当事者（外国人マイノリティ生徒）が発言しやすい雰囲気をつくり、指名して発言を促す。
展開 30分	**マイノリティの政治参加について議論する** Q「具体的にどんな会議が、マイノリティの政治参加の役割を果たしているか、例から学び、その内容をメモする」	・当事者の声を大切にすることに気づかせる。 ・情報カード3（「川崎外国人市民代表者会議」）や4（「外国人共に住む新宿区まちづくり懇談会」「共住懇」）を参考に配布する。
まとめ 5分	政治参加の方法をまとめる	・政治参加の保障について、本時出てきた課題を、高校生としての考えを提言にまとめさせる。 ・この提言を提出する機関があれば提出する。

（注）ネット検索のときは、政府行政情報や専門家の論文見解等のウェブサイトを参照するように、メディアリテラシーに配慮させる。

3時間目　展開（3／3）

時間	学習活動	指導上の留意点
導入 5分	前時の願いや課題をまとめる。	・前時の復習をさせる。2時間目のワークシート2を見て前回の復習と本時の授業の参考に使う。 ・前回の欠席者に、その内容を伝える。
展開 40分	**外国人の政治参加、人権保障について議論する** ・模造紙、付箋紙を用意する。 Q「外国人の政治、人権の問題で解決したい3つの課題を書いての解決の方法（仕方）を模造紙に付箋紙で書いて、アイデアを出す。	・A指導案の学校は、グループを再編して、在日コリアンの生徒、日本人、留学生均等に6グループをつくる。 ・B指導案の学校の場合は、2時間目のグループを解体して、4月からの誕生日順に6グループをつくる。 ・解決へのアイデアがでないときは、2時間目のワークシート2の例を参考にする。 ・この段階では、3つくらいの例について、まず生徒の知見で考えさせる。
	政治参加の方法(注)**について知る** ・（1）デモ（パレード）、（2）請願（憲法16条）、（3）ロビーイング、（4）アドボカシー、（5）市民提案型協働事業	・教員が、下の注を読み上げるか配布する。
	マイノリティの課題への政治参加アプローチを考える Q「上記の5つの政治参加の方法で、マイノリティの課題解決にどれが役立ちそうか考えて、該当の項目に赤ペンで、その数字を書き入れてみよう」	・実際に、1時間目の社会的課題（資料7）を以下に当てはめて、その解決について考えさせる。 （1）デモ（パレード）のテーマ （2）請願を考える（市か国を対象） （3）ロビーイングする（どんな団体にお願いに行くのか） （4）アドボカシーする（どんな団体に提案するか） （5）市民提案型協働事業のテーマ
まとめ 5分	どんな社会を作りたいかをまとめる。	・政治参加について、若い世代の考えをまとめ、その政治参加の方法と政治的課題（資料7）の実現への提言を文にまとめさせる。 ・この提言を提出する機関があれば提出する。

(注) 政治参加の手段は、日本では国籍をもっていれば、投票という手段を行使することも可能。ここでは、在日コリアン、渡日韓国人も想定しているため、3つの政治参加の手段を想定した。（1）デモ（パレード）は、政治的な課題を世論化する上での効果を期待するものである。（2）請願は、憲法の請願権にもとづき、何人も行使可能であり、署名で多くの声を集めて、行政や立法機関に要求することができる。（3）ロビーイングは、関連する行政、立法機関に、個人または団体で働きかけて、意見表明、政策提言を直接的働きかけることである。（4）アドボカシーとは、社会課題解決にむけての政策提言である。（5）市民提案型協働事業は、協働の町づくり条例で制度化されている市町村がある。政策形成に、市民が当事者として参与することである。

授業で用いる資料・ワークシート

<ワークシート 1-A　1時間目　| 外国にルーツをもつ人と共に生きるために政治課題を確認する |　>

（　　　）年（　　　）組（　　　）番　名前（　　　　　　　　　　　）

Q「K-POP の好きな生徒の発言メモ」＋付録パワーポイントで解説をメモする

<グループワーク在日コリアン、韓国留学生、日本の留学経験者の願いとは　箇条書きをつくる>

・在日コリアン

・韓国留学高校生

・留学経験者

| さらに資料1～5も必要に応じて配布参照する |

Q　日本社会と韓国社会に外国人あるいは外国にルーツのある人の直面する、どんな人権、政治参加の課題があるか?

<グループワーク1　願い、それぞれの国の政治課題を、付箋紙に貼ってゆく。
上記のメモからカードをつくり、模造紙に貼る>

<グループワーク2　願いをまとめて項目化してみる>

・

・

・

<ふりかえり、考察を書く>

<ワークシート1-B　1時間目　外国にルーツをもつ人と共に生きるために政治課題を確認する　＞

（　　）年（　　）組（　　）番　名前（　　　　　　　　　　　　　　　　　）

Q「K-POP の好きな生徒の発言メモ」＋付録パワーポイントで解説をメモする

資料1～5を配り考える

＜在日コリアンと韓国留学生の願いの箇条書きをつくる＞

・在日コリアン

・韓国留学高校生

Q　日本社会の対応として、どんな人権、政治参加の課題があるか？

＜グループワーク1　願い、それぞれの国の政治課題を、付箋紙に貼ってゆく。
上記のメモからカードをつくり、模造紙に貼る＞

＜グループワーク2　願いをまとめて項目化してみる＞

・

・

・

＜ふりかえり、考察を書く＞

＜ワークシート２　２時間目　政治参加の制度や方法を考える　＞

（　　）年（　　）組（　　）番　名前（　　　　　　　　　　　）

さらに資料７、インターネット検索をする

＜グループワーク１　外国人の政治参加、人権保障（前回の模造紙と資料７を参考に）に、私たち市民社会が応えてゆくべきか、どうしたら解決できるか。付箋紙に個人で貼ってゆく（前の授業の復習を兼ねる）＞

＜グループワーク２　「外国人参政権」への個人的なメモをつくる。インターネット検索して調べても良い＞

＜グループワーク３　「外国人参政権」の課題を話しながら上記の模造紙に書き込んでゆく＞
＜外国人参政権の課題をメモする（グループワークの友達の発言や先生のコメント）＞

＜グループワーク４　具体的に、日本にどんな会議があるか調べて個人でメモをつくる。インターネットやみんなの考えも聞きメモする＞

＜ふりかえり、考察を書く＞

＜ワークシート3　3時間目　政治治参加の手段を考え、提言にまとめる　＞

（　　　）年（　　）組（　　　）番　名前（　　　　　　　　　　　）

1時間目作成の模造紙を見ながら

＜グループワーク1　Q 外国人の政治参加、人権の解決したい3つの課題を、模造紙から拾う。
6グループを作り割り振って、アイデアをまとめ、メモする＞

政治参加、人権の解決したい3つの課題　その1

政治参加、人権の解決したい3つの課題　その2

政治参加、人権の解決したい3つの課題　その3

1デモ、2請願、3ロビーイング、4アドボカシー、5市民提案型協働事業の説明をメモする

＜グループワーク2　政治参加の方法のうちどれが役立ちそうか、グループで相談して赤ペンで書き込む＞

＜グループワーク3　政治参加の方法と政治参加、人権の解決したい3つの課題を見比べて、上記の5つの方法
が、どの課題に役立ちそうか。提言文を有力な人（政治力のありそうな人）に送る＞

＜個人ワーク　資料7の政治参加の保障について、その政治参加の方法と提言にまとめる＞

＜ふりかえり、考察を書く＞

情報カード（必要なものはコピーしてカードで配布して知識を補ってください。）

日本の特別永住者の地方参政権問題（情報カード１） 　1995年最高裁判決は、地方参政権を否定していない。地域の市町村と特別に緊密な関係をもつ永住外国人が、「その意思を日常生活に密接な関連の有する地方公共団体の公共事務に反映すべく、法律を持って地方公共団体の長、その議会の議員等に対する選挙権措置の付与を講ずることは、憲法上禁止されているものではない」と判決を出している。そのように、外国人の権利を確認している。国民から選ばれた国会議員が、選挙法を変えれば、地方参政権を外国人が取得することは可能である。内なる国際化が進み、日本人だけが、日本に住んで力（権力）を行使すべきという国際化の遅れを克服してゆくことが重要である。脱植民地化の過程の失敗から、また深く根深い在日コリアンへの差別意識の改善が求められている。ちなみに、韓国では2005年に外国人の地方参政権が認められている。	**日本のニューカマーの地方参政権問題（情報カード２）** 　1980年代から、仕事や留学でニューカマー（オールドカマーに対して使われた）の外国人が増えている。脱植民地過程（戦後処理問題）とは違い20世紀後半の日本の国際化と係わる。明治以来の日本からの移民（棄民）の日系人の里帰りとも関連してきた。日本は、血統主義（親子の血のつながりを重視）をとってきた。日系人、日系ブラジル人、日系ペルー人など、労働力として海外から応援を頼むにも、日本国籍との近さを重視してきた。「過去の国民」とのつながりをみながら、「未来の国民」を考えてきたといえる。つまり、国籍を出生地主義に変えるか、ルーツを重視する保守伝統主義を変えて国際化の道を歩まない限り、外国人を2級市民として扱うことになる。平穏に日本で居住し税金も払っている外国人に、参政権を与える議論は盛り上がっていない。
川崎外国人市民代表者会議（情報カード３） 　川崎市は、外国人市民をともに生きる地域社会づくりのパートナーと位置付け、1996年12月に外国人市民の市政参加の仕組みとして外国人市民代表者会議を条例で設置した。代表者会議は、公募で選考された26人以内の代表者で構成され、代表者は市のすべての外国人市民の代表者として職務を遂行することとなっている。1996年度から2015年度まで、教育、情報、住宅、福祉、国際交流、市政参加、防災等に関する46の提言が提出された。とりわけ、外国人の居住支援の取り組み、外国人高齢者福祉手当の増額を行なってきた。市長は提言を尊重し、全庁的な会議である人権・男女共同参画推進連絡会議で協議し、担当局を中心に施策に反映するよう取り組んでいる。（川崎市HPより）	**外国人（多くはニューカマー）とともに住む新宿区まちづくり懇談会「共住懇」（情報カード４）** 　1992年より国際化・多文化化に直面する地域の市民活動として発足した。2002年、名称を「外国人とともに住む新宿区まちづくり懇談会」から「共住懇」に改めた。東京都、また新宿区と多数連携事業を行い、防災・多文化共生・教育のまちづくりに貢献してきた。多文化共生に関するNGOのネットワークを構築し、行政ができない実践的な社会的弱者の支援を行う。活動内容は、多文化コミュニケーション情報紙の発行、公開講座開催、大久保まち歩き＆レクチャー、多文化防災訓練、防災・多文化共生のシンポジウム、アジアの祭の開催、防災・多文化共生・子育てのまちづくりの政策提言などを行ってきた。概要は、多文化コミュニティにおける実践的なまちづくり活動を提案し、行っている。他に、「浜松市　市民共生審議会」「外国人県民あいち会議」大阪府「在日外国人施策有識者会議」もあるため、この会議や地元で同様な会議がないか調べてみよう。 （共住懇: https://genki365.net/gnks12/mypage/index.php?gid=G0000089）

外国人への市民の意識（情報カード5）	二重国籍の現在（日本社会と西洋社会）（情報カード6）
「市民としての義務は日本人と同じく果たしているが、権利に対しては平等ではない」「外国人の納税の義務を果たしているなら、ある程度の権利を与えても良いのではないかと思います」「ニューカマー外国人にも、年とともに「市民（シティズン）」として平等な権利を認められたいという意識が広がっている」 （宮島喬 2015「第7章 20年前と比較して一定着する「市民」意識 川崎市『川崎外国人市民意識実態調査報告書』、川崎市 HP で公開、120-23）	ヨーロッパでは 1997 年の国籍に関するヨーロッパ条約において、域内の国際結婚などで多重国籍となった場合は成人するまで容認するという規定が盛り込まれている。

　下記資料は、必要に応じて在日外国人への理解を深めるために授業で配布する。

資料リスト

（資料1）A、B 二校の　外国人（在日コリアンを含む）の権利の付与に関する意識調査

（資料2）高校生意識調査の質問票

（資料3）A、B 二校の　アンケート結果の特徴の紹介

（資料4）在日コリアン4世生徒のアイデンティティ（コラム参照）

（資料5）「ある在日コリアン4世高校生（16歳）の声」

（資料6）「韓国から来た（ニューカマー）ある高校留学生18歳の声」

（資料7）A、B 二校交流ワーク（2018年7月21日）よりまとめられた声

（資料8）在日コリアンの歴史

（資料9）ヘイトスピーチで罰金刑判決（朝日新聞記事）

※ 資料中の A 校とは、韓国系の 1 条校であり、日本人、在日コリアン、韓国留学生によって構成されている。B 校は、国際系の学校であり、帰国子女も多く通っている。
　両校の教員の自主的な取り組みで、学習交流会をもっており、その中からこのような生のアンケートや生徒インタビューなど、現在日本の最近の高校生の声をみることができる。

資料1　外国人（在日コリアンを含む）権利の付与に関する意識調査

A校生徒　42人より（2018年7月）
B校生徒　100人より（2018年6月）

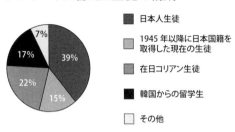

A校

アンケートに答えた生徒の構成

- 日本人生徒
- 1945年以降に日本国籍を取得した現在の生徒
- 在日コリアン生徒
- 韓国からの留学生
- その他

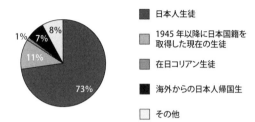

B校

アンケートに答えた生徒の構成

- 日本人生徒
- 1945年以降に日本国籍を取得した現在の生徒
- 在日コリアン生徒
- 海外からの日本人帰国生
- その他

Q 日本で当分生活するにあたって必要な権利とは	
A校	**B校**
16/42（日本人生徒）	73/100（日本人生徒）
あらゆる職業に就く　93%	あらゆる職業に就く　85%
社会保障の権利　75%	社会保障の権利　82%
公務員採用　63%	公務員採用　77%
地方自治体の選挙　93%	地方自治体の選挙　75%
国政選挙　93%	国政選挙　71%
日本国籍取得が簡単にできること　81%	日本国籍取得が簡単にできること　52%

日本人生徒

日本国籍取得が簡単にできること
国政選挙
地方自治体の選挙
公務員採用
社会保障の権利
あらゆる職業に就く

0 10 20 30 40 50 60 70 80 90 100

日本人生徒

日本国籍取得が簡単にできること
国政選挙
地方自治体の選挙
公務員採用
社会保障の権利
あらゆる職業に就く

0 10 20 30 40 50 60 70 80 90 100

A校	B校
6/42（1945年以降に日本国籍を取得した現在の生徒）	11/100（1945年以降に日本国籍を取得した現在の生徒）
あらゆる職業に就く　100%	あらゆる職業に就く　55%
社会保障の権利　100%	社会保障の権利　45%
公務員採用　100%	公務員採用　64%
地方自治体の選挙　100%	地方自治体の選挙　45%
国政選挙　83%	国政選挙　18%
日本国籍取得が簡単にできること　83%	日本国籍取得が簡単にできること　45%

1945年以降に日本国籍を取得した現在の生徒

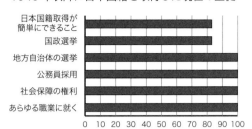

9/42（在日コリアン生徒）

あらゆる職業に就く	100%
社会保障の権利	100%
公務員採用	89%
地方自治体の選挙	89%
国政選挙	89%
日本国籍取得が簡単にできること	12%

在日コリアン生徒

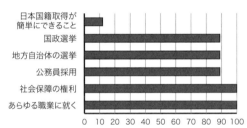

8/42（韓国からの留学生）

あらゆる職業に就く	100%
社会保障の権利	75%
公務員採用	50%
地方自治体の選挙	75%
国政選挙	25%
日本国籍取得が簡単にできること	62%

韓国からの留学生

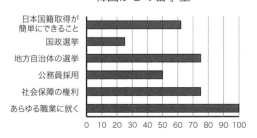

1945年以降に日本国籍を取得した現在の生徒

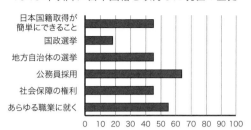

1/100（在日コリアン生徒）

権利6つともOK	100%

7/100（海外からの日本人帰国生）

あらゆる職業に就く	86%
社会保障の権利	86%
公務員採用	57%
地方自治体の選挙	71%
国政選挙	86%
日本国籍取得が簡単にできること	71%

海外からの日本人帰国生

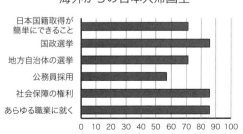

資料2　高校生意識調査の質問票

　以下のアンケートは、在日コリアン系（あるいは外国人系の高校）のA校と、B校で行ったものです。アンケートをアレンジして実施しても良いでしょう。単独高でも、学びの素材を集めることができます。生徒の個人情報が明らかにならないように、プライバシーに配慮した調査が必要です。生徒の属性が均一に近い学校では、日本人生徒の意識を集めることができます。

　A校の高校生のみなさんへ

　　　　　　　　　　　　アンケートへの協力をお願いします

　　　　　　　　　　　　　　　高校教員　○○××

　日本の真の国際化を図るため、多文化共生社会の政治参加に興味があります。今回、A校とB校との交流に際して、韓国と日本の若者にとっての政治を生徒同士で語り合います。次回の学習では、どこの国に生まれても、どこの国籍でも幸せに生きられる社会を目指して議論を進めたい。その際の資料としてのアンケートにご協力いただけるとうれしいです。

あなたの属性　　1 特別永住権の外国人（在日コリアンの方）
　　　　　　　　2 韓国からの留学生
　　　　　　　　3 日本人（出生時から日本国籍）
　　　　　　　　4 日本人（出生後に日本国籍に変更）
　　　　　　　　5 日本人（海外経験3か月以上）
　　　　　　　　6 日韓朝以外の外国人
　　　　　　　　7 その他
　　　　　　　　8 答えたくない
　　　　　　　　（上記の数字に丸をお願いします）

　　　（特別永住権は、サンフランシスコ講和条約後、日本政府によって、突然日本人から切り離された在日朝鮮、韓国、台湾の方とその子孫の権利）

あなたが日本で当分生活するにあたっての権利の必要性

日本人と同じあらゆる職業に日本でつける権利　　（必要　不必要　わからない）

日本人と変わらない社会保障を受ける権利　　　　（必要　不必要　わからない）

日本人と同じように公務員に採用される権利　　　（必要　不必要　わからない）

日本の地方自治体の選挙で投票する権利　　　　　（必要　不必要　わからない）

日本の国政選挙で投票する権利　　　　　　　　　（必要　不必要　わからない）

日本国籍が簡単にとれる権利　　　　　　　　　　（必要　不必要　わからない）

　　　　　　　　　　　　　　　　　　　　　　　（どれかに丸をお願いします）

資料３　A、B 二校のアンケート結果の特徴の紹介

※アンケートの読み取りが難しそうな生徒には、これをヒントとして使う

A校（コリアン系学校）生徒42人より（2018年7月）

　A校の生徒はさまざまな権利の重要度を理解し切実感がある。

　日本人生徒は公務員はなれるか不安なので不人気である。

　在日コリアン生徒はいままで日本国籍を選んで来なかったからか、日本国籍の簡単な取得は望む割合が低い。

　韓国の留学生は、日本の公務員就労をほとんど求めていない。

　韓国の留学生は、日本での参政権をあまり求めていない。

B校生徒100人より（2018年6月）

　日本で生まれて日本国籍のままの生徒は、外国人（在日コリアン含む）の人権の重要度がやや薄い。

　戦後日本国籍を取得した家族の生徒は、日本に順応したことを重く見る。

　戦後日本国籍を取得した家族の生徒は、政治参加はそんなに望まない。

　戦後日本国籍を取得したルーツの家族の生徒は、公務員採用が大きな目的で取得したと考えられる。

　海外経験をしてきた生徒は外国人の人権に寛容。

　A校・B校どちらの生徒も職業に就く権利を最も大切にしている。

資料４　在日コリアン４世生徒のアイデンティティ（コラム⑰参照）

資料5 「ある在日コリアン4世　高校生（16歳）の声」

下記の女性Bは、在日コリアン4世、両親「朝鮮」籍、小学校は北朝鮮系の朝鮮学校（北朝鮮系の学校）
ですごした。朝鮮学校では、学校に対するヘイトスピーチをうけたこともある。中高は韓国系の学
校に在籍していた。

インタビュー日：2018年12月17日

いろいろな在日コリアン系の学校、その課題

聞き手A　君の学校は、韓国系の民族学校（在日コリアンだけでなく、日本以外の母国の言語、
　　　　　文化も教える、多くは外国人の各種学校のこと）なんですけども、入学されたきっ
　　　　　かけっていうのがあれば教えてください。

女性B　　中学でどの学校に行くかと考えたときに、今までどおりに朝鮮学校にいくなら
　　　　　日本からの資金の補助がもらえないので、母国にふれてもいたかったので、
　　　　　せっかく覚えた韓国語も忘れないように韓国系の民族学校に通うことにしまし
　　　　　た。

聞き手A　朝鮮学校（北朝鮮系）を卒業しても、日本の高卒と同じかたちにはならないです
　　　　　よね。日本の高卒資格を認めてほしいっていう声があるんですけども。

女性B　　そうですね。全く同じではないけど、朝鮮語で書かれた教科書で同じような内
　　　　　容をやっているので、高卒は必要だと思います。

在日コリアンの学校の違いについて、その学校への思い

聞き手A　今度は韓国の学校ですが、違っていると思うことはなんですか。

女性B　　朝鮮学校は自分たちの国、祖国を大事にしています。でも韓国の歴史っていうよ
　　　　　りかは、朝鮮としての朝鮮半島としての歴史を学んだり、最近のニュースとかは
　　　　　全部北朝鮮の話でした。

聞き手A　韓国と北朝鮮、どちらに親しみを感じますか？　それとも両方？

女性B　　やっぱり歴史（半島史）をよく習ったので、北朝鮮のほうでしょうか。若干朝鮮
　　　　　全体（あるいは地域朝鮮）っていう認識です。在日社会に住んでいると、やっぱ
　　　　　り、在日の人としか会わないことが多いです。日本の方とふれあったりはしま
　　　　　せん。

聞き手A　日本社会の政治に、在日コリアンとして望むことはどんなことがありますか。

女性B　　一番としては私が直接通っていたので、やっぱり朝鮮学校も日本の学校として
　　　　　認めてほしいし、在日コリアンのこと知らない方もたくさんいると思うんで、
　　　　　教科書とかにももうちょっと細かく書いて欲しいと思います。

選挙権の課題

聞き手A　在日コリアンの方は、日本の選挙権を欲しいと思われていますか。

女性B　多分私ぐらいの年齢やったら、そんなに政治のこともあんまりよくわからないですけど、私たち在日コリアンも税金も払ってるので必要かな。多分大人の方は欲しいと思っている人が多いのでは。

聞き手A　在日コリアンのことを日本の学校の授業で取り上げてほしいと思いますか。

女性B　はい。やっぱり日本と朝鮮の間にあった歴史が原因で在日コリアンの人がいることやし、歴史としても知ってほしい。今の在日コリアンの人たちの生活とか難しいとことかもわかってほしい。そのことで、在日コリアンとしては日本での生活がしやすくなると思うし、改善しやすくなるかな。

日本社会に望むこと

聞き手A　日本の社会に対して在日コリアンの方として何か望むことがありますか。

女性B　高校無償化もそうですし、偏見とかそういう部分もあると思う。ヘイトスピーチとかも一切なくなればいいけど、それは難しいと思うんで、少しずつ教育面でも教科書とかからでも、もうちょっと在日コリアンのこと詳しく書いたりとか、そういうことから変えていってほしいです。

資料6 「韓国から来た（ニューカマー）ある高校留学生18歳の声」

下記の女性Bは韓国生まれの留学生（日本に来て2年9か月）、両親は韓国生まれの韓国人、小中学校は韓国の学校ですごした。日本が好きで日本に来た。日本の大学に進学予定である。

インタビュー日：2018年12月17日

日本の国旗、国歌を韓国の生徒はどう見ている

聞き手A　日本の国歌のことで話題になることありますか。

女性B　はい。背景的な歴史を、国歌も国旗もちょっと、そこの部分をちゃんと日本では教えてほしいのです。

聞き手A　日本の国歌とか国旗を変えてほしいって声が、（韓国の）若者の中にはありますか。

女性B　あります。

聞き手A　それはなぜだと思います？

女性B　歴史があるじゃないですか。朝鮮の人々が強制的に歌わされたり…
　　　　その旗を韓国にもってきたり、朝鮮民族の差別とか暴力とかがあって、今も被害者も生きていますし、そういう問題があったにもかかわらず、そのような歴史をないことにして、国家として使ってるし、全然恥ずかしいことじゃないと思ってるから。
　　　　さらに、植民地の時代に韓国がもっと豊かになったとか言う日本人がいるんですけど、イギリスとインドを考えたら、イギリスの植民地時代だったときにインドが住みやすかったとか、それでもっと発展したっていうことと同じ発言なのに、植民地を反省していなくて良くないなと思います。
　　　　また、韓国の歴史教科書って、大半が植民地の時代のときに、独立運動どういうふうにしてたか、どういう差別があったか。そのことが多く書いてあります。

日本社会に望むこと

聞き手A　わかりました。日本の政治に韓国の方からして、何か望むことはありますか。

女性B　日本の政治は、嫌韓の世論を作ってるなって思うのは、すごく、例えば、一番見えやすいところは書店だと思うんですけど、書店行ったら必ず1冊は本があります。
　　　　韓国の書店行ったらそういうのは全然ないんですよ。

聞き手A　言葉ちょっとよくないですけど、反日の本ってないの？　韓国で。

女性B　全然見たことない。

聞き手A　いわゆる徴用工の今回の裁判（日本に植民地時代に強制連行された人の人権上の請求は、日本の企業に、謝罪と補償があり、韓国最高裁判所が2018年に認めた）の結果っていうのは、あなたはどう思われますか。

女性B　補償まではいかなくても、認めて謝罪はしてほしいっていう考えです。

聞き手A　日本のメディアとか、あるいは政府とかがいろんな反応をしてると思うんですけど、それについてあなたはどう思いますか。

女性B　その反応って、もうみんな怒ってる感じの反応、日本のメディアは全部韓国が悪い、あの人たちお金望んでるみたいなふうに話してるんで、それはちょっと残念だなと思います。

聞き手A　それでは賠償金じゃなくて謝罪が必要だということですか。

女性B　謝罪が必要ですね。でも、こういうのはちょっと国と国の問題じゃなくて、人権の問題としてやってほしいなって思います。

外国人への偏見、差別

聞き手A　韓国人に対する偏見をなくしてほしいっていうこと多分言ってたと思うんですが。

女性B　君、整形してるみたいな（笑）。

聞き手A　整形ね。韓国人みんな整形ってやっぱり勝手に日本人は思ってる？

女性B　はい。

女性B　今、大学に入るために家を探してるんですけど。

聞き手A　どう？　外国人はだめって言われるというのがある？

女性B　結構多くて。大学に入るために家を見つけるのは大変です。

資料7　A、B二校交流ワーク（2018年7月21日）よりまとめられた声

<u>韓国からの留学生2人からの問題提起</u>

　　韓国人に対する偏見をなくして欲しい

　　留学生に対する日本の奨学金制度の改善　在日韓国人の参政権

　　日本の国歌を変えてほしい

<u>在日コリアンの生徒4人からの問題提起</u>

　　在日の選挙権が欲しい

　　民族学校（朝鮮学校等）の日本人と同じ高卒資格を認めて欲しい

　　就職できたけど、日本人に差別される

　　在日コリアンのこと知ってもらう授業が日本の学校に必要

<u>海外滞在の長い日本人生徒3人からの問題提起</u>

　　国籍のちがう人をもっと受け入れ、いろいろな文化を知るべき

　　見た目と言語で判断しない

　　韓国の徴兵制がなくなって欲しい

　　働くときに出身大学で判断せず、もっと内面を見て欲しい

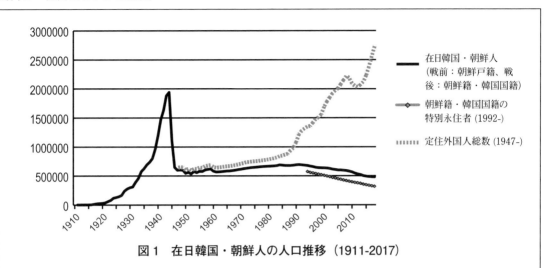

図1　在日韓国・朝鮮人の人口推移（1911-2017）

　在日コリアンは、日本の植民地時代に朝鮮半島から日本に渡ってきた朝鮮人とその子孫です。図1のように、その歴史は100年をこえており、1980年代まで定住外国人のほとんどを占めていました。（在日コリアンは出自による集団ですが、日本の統計には出自の分類がないため、戸籍・国籍の数字を示しています。朝鮮籍や特別永住については後述します）。現在では、在日コリアンの大半は日本人と結婚し、日本国籍者も多く、朝鮮と日本のミックス・ルーツの4世代目、5世代目が生まれています。

　＜日本への渡航と戦後の国籍喪失＞日本の植民地時代に、農村で困窮した多くの朝鮮人が日本に出稼ぎにきました。1935年の時点で約63万人の朝鮮人が日本で暮らしています。その後、日本の戦争遂行を目的に1939年から約70万人の朝鮮人が、労務動員で日本に連れて来られたり、働かされたりしましたが、その多くは日本の敗戦の後に帰国しました。したがって、戦後に日本に残った約60万人の在日コリアンのほとんど（推計で95％）は、植民地支配を背景に移民としてやって来た人たちです（外村2012）。

　敗戦後、日本政府は日本在住の旧植民地出身者に国籍の選択権を与えると国会で答弁したこともありました。しかし実際には、1952年に旧植民地出身者の日本国籍を一斉に喪失させます。というのも、政府は朝鮮人が少数民族として日本に永住することを嫌い、外国人登録を義務づけて治安管理の対象としたのです（田中2013）。この国籍喪失の問題を詳細に研究した国際法学者の大沼保昭は、政府の措置は民族少数者の処遇において信義誠実を欠き、法の論理の面でも、道義の面でも支持しがたいと結論しています（2004：310）。

　国籍を失った朝鮮人とその子どもたちは、税金を払いながら、学校への就学の権利や公営住宅入居・国民年金の加入など社会保障の権利の外に置かれました。朝鮮語を学ぶために独自の学校として建設された民族学校は弾圧を受けました。当時の日本政府による排外政策と日本社会での差別はひどく、在日コリアンの多くは差別を逃れるために日本名（通名）を使って生活していました。しかし、日本生まれの2世の多くも一般の会社には就職できず、多くの者が自営業で働くことを強いられました。1993年に在日コリアン3世世代を対象にした調査では、回答者の父親（75％が2世、20％が1世）の7割以上が、自営業や零細企業を営んでいます（福岡・金1997）。こうした中で、野球選手の張本勲や歌手の錦野旦などスポーツや芸能で努力を重ね、身を立てた2世も多くいます。

<三つの国家の間で> 1947年当時、在日コリアンの外国人登録の国籍欄には「朝鮮」という名称が書かれていました。その後、1948年に朝鮮半島に大韓民国（韓国）と朝鮮民主主義人民共和国（共和国）が成立し、国籍欄の「韓国」への書き換えが可能になります。他方で、日本と共和国は今日まで国交がありません。したがって、国籍欄の「朝鮮」は共和国の国籍を意味せず、朝鮮半島の出身であることを示す記号であるというのが日本政府の見解です。

　朝鮮半島に二国家が成立すると、在日コリアン社会も南北の支持で割れ、二つの民族団体が生まれます。両政府の保護と介入も始まります。こうした中、1959年から84年に約8万6千人の在日コリアンが日本を離れ、共和国に渡りました。日本社会による在日コリアンへの差別と家庭の貧困も、大人数の移住の背景となっていました。

　<2世3世の闘い> 1970年、在日コリアン2世の19歳の青年が、初めて就職差別裁判を起こします。彼は新井鐘司という名前で高校に通い、日立製作所戸塚工場の入社試験に合格しました。しかし、戸籍謄本の提出を求められ、韓国国籍の朴鐘碩（パクチョンソク）であることが分かると、採用を取り消されたのです。この裁判は、日本人市民や研究者も支援に加わり、74年に原告の全面勝訴で終わりました。彼は朴という民族名で、日立で働き続けました。このように、日本生まれの2世の中から、日本での永住を前提に行政や社会の差別撤廃と地域活動にとり組み始める者が生まれます。

　1980年代には、大規模な指紋押捺拒否運動が起こり、外国人登録法が改正されました。同じ時期、日本政府はインドシナ難民の受け入れにともなって難民条約を批准し、国民年金や児童手当の国籍条項を撤廃しました。このようにして、内外人の平等が少しずつ進んでいきます。

　1990年代には、在日コリアンの集住地域で民族文化祭が広がり、コリアンタウンにも注目が集まります。在日コリアンが日本にもたらした焼肉やキムチなど食文化も定着しました。また、ソフトバンクを設立した孫正義（在日コリアン3世）は、日本で差別も経験してアメリカに留学し、アメリカで孫という民族名を名乗り始め、日本で新たに企業を創って成功したのです（1990年に日本国籍取得）。

　<外国籍の在日コリアンの減少> 1950年代から在日コリアンの日本国籍の取得（帰化）は、毎年数千人規模で進んできました。さらに、1985年の日本の国籍法の改定（父系の血統主義から父母両系の血統主義）により、日本国籍者の在日コリアンの出生が増え、朝鮮籍・韓国国籍だけの者は減り続けています（図1参照）。2018年現在、旧植民地出身者とその子孫に付与される「特別永住」（1991年開始）の資格で在留する在日コリアンは約32万人です（朝鮮籍が約3万人、韓国国籍が約29万人）。在日コリアン1世のほとんどが亡くなり、2世が高齢化しています。しかし、4世・5世が生まれる今日でも、特別永住者には地方参政権がなく、在日コリアンの集住地域で一部の日本人によるヘイトスピーチが続き、無年金の高齢者が多くいるなど、植民地出身者とその子孫に対して日本社会が向き合うべき課題が残されています（田中2013）。　　　　　　　　　　　　　（片田　孫　朝日）

〈参考文献〉
大沼保明（2013）『在日韓国・朝鮮人の国籍と人権』東信堂
田中宏（2013）『在日外国人［第三版］―法の壁、心の壁―』岩波書店
外村大（2012）『朝鮮人強制連行』岩波書店
福岡安則・金明秀（1997）『在日韓国人青年の生活と意識』東京大学出版会
水野直樹・文京洙（2015）『在日朝鮮人―歴史と現在―』岩波書店

　ヘイトスピーチをしたとして名誉毀損（きそん）罪に問われた「在日特権を許さない市民の会」（在特会）元京都支部長の西村斉（ひとし）被告（51）に対し、京都地裁は 29 日、罰金 50 万円（求刑懲役1 年 6 カ月）の判決を言い渡した。柴山智裁判長は同罪の成立を認めた上で、懲役刑ではなく罰金刑とした理由を「公益を図る目的で主張を述べる中、名誉毀損の表現行為に及んだもので、相応に考慮すべきだ」と説明した。

　ヘイトスピーチをめぐり侮辱罪ではなく、より量刑の重い名誉毀損罪が適用されたのはきわめて異例。西村被告は同日、判決を不服として控訴した。

　判決によると、西村被告は 2017 年 4 月 23 日、京都朝鮮第一初級学校跡（京都市南区）近くの公園で拡声機を使い、同校跡を指して「この朝鮮学校は日本人を拉致しております」「その朝鮮学校の校長ですね、日本人拉致した、国際指名手配されております」などと発言。その様子を動画投稿サイトで流し、学校を運営していた京都朝鮮学園の名誉を傷つけた。

　判決は発言内容などから「京都朝鮮学園の外部的評価を低下させた」と認定。さらに、日本人拉致事件の実行犯にかかわる内容は公共性が高いといえるが、被告の発言は「真実性の証明も真実と信じた相当な理由もない」とし、名誉毀損にあたると結論づけた。

　ヘイトクライムをめぐっては、沖縄県石垣市の在日韓国人男性を名指しし、ネットの匿名掲示板に「詐欺師」「朝鮮人、早く出て行け」などと投稿して名誉を傷つけたとして、石垣区検が 1 月、名誉毀損罪で男 2 人を略式起訴し、石垣簡裁が罰金各 10 万円の略式命令を出した。ただ、京都朝鮮学園側の弁護団によると、ヘイトスピーチをしたとして名誉毀損罪で起訴され、正式裁判が開かれたのは今回が初という。（向井光真）

「表現の形を借りた言葉の暴力だ」

　判決後、京都朝鮮学園側の弁護士らは京都市内で会見を開き、改めて被告のヘイトスピーチを批判した。ただ、判決がその発言について、日本人拉致事件をめぐり「公益を図る目的があった」と認めた点に触れ、冨増四季弁護士は「裁判所がヘイトスピーチにお墨付きを与えた」と不満を述べた。

　一方、西村被告の弁護側も別の場所で会見。主任弁護人の徳永信一弁護士は、発言が名誉毀損と認定されたことについて「表現の自由を萎縮させる」と非難したが、「（判決で）拉致事件の解決や啓発が目的で、差別目的ではないと認められた」とも述べた。

　ヘイトスピーチをめぐっては、2016 年に解消を目指す対策法が施行され、民事訴訟で賠償が命じられるなど司法の場でも厳しい判断が出ていた。ただ刑事裁判では、拘留か 1 万円以下の科料が法定刑の侮辱罪のほか、デモや街宣行動など妨害活動を伴っていれば威力業務妨害罪で立件されるケースもあったが、名誉毀損罪が適用される例はほとんどなかった。

　今回の判決について、ヘイトスピーチ対策に詳しい師岡康子弁護士は「名誉毀損罪で有罪としたことは一定の抑止力があり、評価できるが、差別目的のヘイトクライムと認めなかったのは問題で、控訴審で変更されるべきだ」と指摘した。京都地検の北佳次席検事は「事実認定については当方の主張がおおむね認められたと理解している。量刑については判決内容を精査し、適切に対応したい」とのコメントを発表した。（山崎琢也、紙谷あかり）

（『朝日新聞』2019 年 11 月 30 日朝刊）

Q1 どうして、日本で何世代も国籍を取らない市民がいるの？　日本人になれば良いのに。

A1　日本で生活をしてゆくと決めている在日コリアンも多いです。しかし、自分の祖国を持ち続けたいという本人や家族の思いもあるのです。一方、日本国籍をとった方が、差別されないし、生きやすい（就職や結婚）こともあり、その間で思春期に悩む高校生も少なくないです。このような葛藤を持たずに、外国籍でも住みやすい社会があれば、このことは問題にならないのですが。現在の日本ではまだ難しいです。

Q2　外国人の地方参政権を認めない考えはどういうものなのですか？

A2　日本において、国政に参加できないのは、国籍の違いのためと言われます。他国に介入される可能性を考えているからです。平穏に暮らしている外国人に地方参政権を認めている国も一定数あります。しかし、日本では、外国人の投票権を認めていないのです。この背景には、戦後補償としての植民地とした外国人の帰化に責任を取らなかった日本政府の姿勢があり、外国人の権利への配慮に欠けてきたのです。一方、判例としては、最高裁判所判決では、外国人に参政権を与えることを否定していません。

Q3　どうして、外国人の人権を日本の学校はあまり取り上げないのですか？

A3　人権は、憲法教育の中で、社会科や道徳、人権教育で取り扱われてきました。しかし、日本の学習指導要領は、国際化した日本においても、国民の育成を中心に作られており、外国人の人権についての学習の機会はあまりありません。戦後日本としての植民地化を取り上げ、その反省に立って、現在の東アジアの平和的秩序を考えるように生徒を導く教育、多様なマイノリティへの配慮の授業の増加が21世紀の今こそ望まれるのです。

Q4　どうして、通名（日本人風の名）を在日コリアンは名乗るの？

A4　それは、第一に日本での生活上、本名に違和感がありうまく使えない在日コリアンが多いからです。第二に在日3世、4世の朝鮮半島出身者としてのアイデンティティのゆらぎもあるでしょう。離婚したことを明らかにしたくない人と同様に、在日コリアンのような名を明らかにすることで社会的に不利な状況を回避することになる非常措置であるからです。一方、アイデンティティに悩む中高生の生徒にとっては、カミングアウトして、民族の名を名乗ることがアイデンティティの表明になることもあります。また第三に日本人（マジョリティ）からの偏見や差別から身を守るためです。

そして、その反対に、日本に暮らすことを決意して、日本人のアイデンティティをもって日本国籍を取得したいと希望する中高生もいます。また、積極的にダブル（日本と朝鮮半島両方のルーツ）を生きるということを考える中高生もいて、この名前をどう名乗るかということのかかわりは、民族の伝統、保護者の思い、個人の自由などが大きな課題となっています。また差別があるので、在日コリアンの生徒の生きづらさも含めて理解する必要があります。

Q 5 在日コリアンの社会権（生活保護、医療、年金）は、日本人と違うの？

A 5 生活保護は、権利ではなく恩恵とされていますが、適用に違いはありません。医療と年金は今は内外人平等です。歴史をみると国民年金は、1982年に難民条約の批准時に加入可能に（高齢者の無年金問題あり）なっています。医療保険の国民健康保険は、不可でしたが自治体によって認められていました。1986年に難民条約批准の影響で、内外人平等になりました。会社の雇用者の年金・保険は、以前から加入できていました。　（杉浦　真理）

参考文献　　　水野直樹・文京朱（2015）『在日朝鮮人：歴史と現在』岩波新書
福岡政行（1993）『在日韓国・朝鮮人』中公新書
外国人につながる子どもたちの物語編集委員会編（2009）『まんが　クラスメイトは外国人―多文化共生20の物語―』明石書店
田中宏（2019）『在日外国人―法の壁、心の壁―第三版』岩波新書

〔コラム⑰〕在日コリアン4世のアイデンティティ

　在日コリアンの中高生は4世代目が多くをしめます。植民地時代に日本に渡ってきたルーツをもち、国籍は韓国・朝鮮籍や「帰化」＝日本国籍を取得、また親のどちらかが日本人の場合日本国籍や二重国籍の場合があります（日本国籍を得るには22歳までにどちらかを選択しなければならない）。民族学校で韓国朝鮮語を学んでいる在日コリアンはわずかで、ほとんどが日本の学校に通っています。韓国・朝鮮籍の在日コリアンは約9割が通名（日本名）を使って生活しているため学校で自分の国籍について明かすことができず悩んだり、将来消防士や警察官を目指したいと思っても国籍が韓国・朝鮮籍であるために受験することすらできないため、国籍を日本に変える（帰化）選択で葛藤する場合があります。逆に国籍や名前は日本だけれども日本と韓国朝鮮にルーツを持っているダブルというアイデンティティもあります。

　在日コリアンが「自分は何者か」「どう生きたいのか」という民族意識（エスニックアイデンティティ）を持つかは、それぞれの経験や家庭での文化の継承などによって違いがあり多様です。その経験においてマイノリティであることをマイナスにとらえるのではなく、自己肯定ができるような教育や出会いの場をつくることも大切です。

（杉浦　真理）

(コラム⑱) 外国人の政治参加の方法

「政治参加」は、狭い意味で選挙への参加をさす場合もありますが、広い意味では「民主的な意思決定への参加」、「政治体に対する積極的な意思表示」を指します。その場合、外国人の政治参加には、出身国への政治参加の他に、居住国で、①選挙（国・地方、住民投票）への参加、②政党加入、③諮問機関（有識者会議・市民代表者会議など）への参加、④直接行動（陳情や請願、集会やデモ）が主な方法になります。

まず①の選挙について。日本では国・地方とも外国籍者に選挙権が認められていません。しかし、住民自治の点から一定の外国人に地方自治体の選挙権を認める国は多く、世界193ヵ国中の65ヵ国が認めています（2017年）。2005年に韓国が永住資格をもつ外国人に地方参政権を認めたことで、OECD加盟国30ヵ国の中で全く認めていないのは日本だけになりました。日本でも1995年に最高裁で、永住者等に地方選挙権を保障することは「法律上禁止されているものではない」との見解が示されています（国政禁止・地方容認説）。他方、日本でも住民投票に関しては、2005年時点で、200自治体が永住者など一定範囲の外国人に投票権を認めてきました。

②の政党加入については、党の規約によって定められており、例えば公明党には加入できます。ただし、政治資金規正法により、外国人による寄付は制限されています。

③の諮問機関については、2013年現在で27の市町村・都道府県が外国人住民を主な委員とする会議を設けています。「浜松市市民共生審議会」などその名称は様々です。このうち、1996年に設置された川崎市の外国人市民代表者会議は、26名の代表者に応募する機会が広く一般に保障されていること、会議の自主的な運営が条例によって保障されていること、そして会議の提言を市長が「尊重する」条項が定められている点で、画期的なものでした。川崎市のとり組みについては、コラム⑳でより詳しく紹介します。

外国人登録法改正を要求する在日韓国青年会と婦人会のデモ行進（在日韓人歴史資料館提供）

最後に、④直接行動には、請願のような政治体に対する意思表示の制度的手段と、集会やデモのような公衆に向けた意思表示の手段があります。戦後、日本で外国人の大多数をしめていた在日コリアンは、1980年代以降に定住化が明確になると、公務員試験の国籍条項の撤廃、市営住宅の入居、外国人登録での指紋押捺の拒否、地方参政権の要求、またヘイトスピーチに対する規制などで、署名活動やデモ・請願を行い、条例や法律の改変に結びついた例も多くあります。また、浜松市の日系ブラジル人も、カトリック教会が中心となって国民健康保険への加入を求める署名と陳情を行ったりしています。

このように、日本では外国人の選挙権・被選挙権は認められていませんが、「政治体に対する積極的な意思表示」が行われてきました。住民投票条例や市民代表者会議のように自治体で制度化されたものもあります。同じ国・地域に暮らし、税金を払い、働く住民として、外国人の意思をどのようにくみ取り、社会に統合するのか。今後もその努力が求められます。

（片田 孫 朝日）

参考文献

近藤敦（2019）『多文化共生と人権―諸外国の「移民」と日本の「外国人」―』明石書店

樋口直人（2002）「外国人の政治参加―外国人参政権・外国人会議・社会運動をめぐる行為戦略―」梶田孝道・宮島喬編『国際社会 <1> 国際化する日本社会』東京大学出版会、205-229

〔コラム⑲〕諸外国の外国人参政権

　2020年現在日本においては地方レベルにおいても国政レベルにおいても外国籍の住民の参政権は認められていません。では諸外国ではどうでしょうか。世界を見渡すと、外国籍住民の地方参政権を認めている国は少なくありません。ただし、認める範囲や条件は国によって異なります。

　諸外国の外国人参政権の制度に詳しい近藤敦（2013）は、外国人参政権の形は大きく①定住型②互恵型　③伝統型　に分類しています。①定住型とは、一定期間定住した外国人に参政権を認めるタイプです。しかしながら定住型でも誰にどの程度の権利を認めるかは異なります。

　例えば①定住型に含まれる国の中でも、オランダやロシアは一定の条件のもとで選挙権と被選挙権を認めますが、ベルギーやハンガリーは被選挙権に関してはEU市民だけしか認めません。ニュージーランドは被選挙権については国民のみ認めています。スイスや米国は地方選挙権をどの範囲まで外国人に認めるか否かが、州や自治体によって異なります。

　②互恵型は、政府間で参政権を相互に認め合っている国籍の者だけに参政権を認めるタイプです。例えばEUは加盟国が相互にEU市民に対してのみ地方参政権を認めています。ただし、EU市民とそれ以外の国籍の外国人の間の差別が問題になり、①定住型に移行した国もあります。

　③伝統型とは、過去に植民地であった国の国籍を持つ人々に参政権を認めるタイプです。例えば英国は、以前植民地だったオーストラリア、カナダ、ニュージーランドなどの市民を英連邦市民と呼び、英国本土に居住する場合は国政を含む参政権を認めています。旧植民地の朝鮮や台湾の出身者に対して、帰化しない限りは参政権を認めない日本とは対照的です。

　地方参政権を認めている国が少なくないのに対して、国政レベルで外国人参政権を認めている国は少数に止まります。けれども、外国人の参政権のあり方を考える際には、複数国籍を容認しているか否か、国籍が出生地主義あるいは血統主義によって決まるか、という点も併せて検討される必要があります（→コラム①「どうやって国籍は決まるのか？」を参照）。

　つまり、複数国籍を容認している国においては、個人が2カ国以上の国政に参加する可能性を認めています。また出生地主義を基本としている国で外国人参政権を認めていない国においては、移住してきたばかりの外国人は参政権を持たないものの、その国で生まれた二世はその国の市民になり、参政権を持つ可能性があります。親が外国籍で参政権を持っていなくても、子は市民あるいは国民として参政権を行使し得るのです。そうして考えると、複数国籍を認めておらず、国籍に関しては血統主義を採用している日本は、諸外国と比較しても参政権を認める範囲を非常に限定しているといえるでしょう。

　日本では、1995年に最高裁が「永住者等」に地方選挙権を認めることは憲法が禁止していないことを示しました。参政権を認められていない外国人も税金を納めていますし、日本の法律にしたがって生活することが求められています。日本の民主主義を活性化するためにも、外国人の参政権について皆が真剣に再検討する時期にきているのではないでしょうか。　　　　　（松田　ヒロ子）

参考文献
近藤敦（2013）「外国人参政権」吉原和男（編集代表）『人の移動事典：日本からアジアへ・アジアから日本へ』丸善出版、166－167頁

(コラム⑳)「外国人市民」の意見を市政に反映——川崎市のとり組み

　神奈川県の川崎市は、外国人市民の人権を守り、社会に統合する多文化共生の施策において、日本屈指の先進都市といえます。川崎市のとり組みの歴史を紹介しましょう。

　もともと川崎市は、植民地時代に朝鮮から日本にやってきた在日コリアンの集住地域でした。1970 年、神奈川県で在日コリアンへの就職差別事件が起こると、韓国キリスト教川崎教会の若者が支援に参加します。そして、教会を母体に地域で保育園や学童保育を運営するとり組みを始めます。また、在日コリアンの生活難を解消するために、市に対して児童手当や市営住宅入居の国籍による差別反対の要望書を提出し、これに応えて市は国籍条項を撤廃しました。その後、1980 年代に市は、外国人への偏見・差別をなくす教育

川崎市ふれあい館　提供

指針を策定し、88 年には日本人と在日外国人との交流を掲げる川崎市ふれあい館（児童館）が開館します。

　90 年代に入ると、市の国際室は外国籍市民の意識調査に着手しました。また、市の職員の欧州視察の経験から、1996 年に外国人の市政参加の仕組みとして、外国人市民代表者会議を条例で設置します。2 年任期の外国人市民の代表者（公募）は 26 人以内と定められています。この 26 人という数字は、外国人登録者約 2 万人弱の住民数から市町村の議員定数を根拠に算定されており、外国人市民の代表という位置づけです。条例の第 3 条には、「市長その他の執行機関は、代表者会議の運営に関し協力及び援助に努め、並びに代表者会議から前条に規定する報告又は意見の申出があったときは、これを尊重するものとする」とあり、意見尊重の努力義務も記されています。実際、この代表者会議から外国人への賃貸住宅への入居差別について対策を求められると、市は2000 年に差別禁止を盛り込んだ川崎市住宅基本条例を制定しました。あわせて、高齢者・障害者・外国人等への居住支援制度を開始しています（第3部③「部屋探しで考えよう」も参照）。

　96 年の代表者会議の設置において、川崎市は外国籍住民を地域社会を構成するかけがえのない一員ととらえ、「外国人市民」という言葉を使っています。2008 年には、永住者のほか 3 年以上在留している外国人を投票資格者に含むかたちで、川崎市住民投票条例を制定しました。

　近年も、市内で外国人住民へのヘイトスピーチがくり返されると、在日コリアンや日本人市民の声を受け、2017 年に公の施設の利用許可に関するガイドラインを公表。また 2019 年 6 月には、市長が市議会に「差別のない人権尊重のまちづくり条例」を提示し、12 月に可決されました。一定の要件に該当するヘイトスピーチに対しては罰金を科す、日本で初めての条例です。

　このように、地域で暮らす住民のための政府として、川崎市は在日コリアンの声に応じ、定住外国人のニーズを調査し、代表者会議を設置して、外国人市民の意見を市政に反映させる努力を行ってきました。他の自治体や日本政府も参考にすべきことが多くあると思われます。（片田　孫　朝日）

参考文献

川崎市 HP「外国人市民施策」http://www.city.kawasaki.jp/shisei/category/60-7-0-0-0-0-0-0-0-0.html（2019/8/31）

山田貴夫（2000）「川崎市外国人市民代表者会議の成立と現状」宮島喬編『外国人市民と政治参加』有信堂、39-57

2. もっと知りたい人のための探求学習に向けて

　本書の内容をよりよく理解し指導する際に役立つ参考文献を紹介します。
生徒が探求学習をする際に参考にしても良いでしょう。

1. 統計資料

- 在日外国人の数など数量的な実態を知る……法務省ホームページに掲載
  されている在留外国人統計（http://www.moj.go.jp/housei/toukei/toukei_ichiran_
  touroku.html）
- 日本の学校に在籍する帰国・外国人生徒などの状況を知る……文部科学
  省ホームページに掲載されている調査結果（http://www.mext.go.jp/a_menu/
  shotou/clarinet/genjyou/1295897.htm）
- 海外に住む日本人（邦人）の数など数量的な実態を知る……外務省ホー
  ムページに掲載されている海外在留邦人数調査統計（https://www.mofa.
  go.jp/mofaj/toko/page22_000043.html）
- 世界や日本の難民の現状を知る……UNHCR（国連難民高等弁務官事務所）
  日本（https://www.unhcr.org/jp/）

2. 日本の多文化共生の現状を知るために

- NHK 取材班（2019）『データでよみとく外国人"依存"ニッポン』光文
  社新書
- 加賀美常美代（2013）『多文化共生論―多様性理解のためのヒントとレッス
  ン―』明石書店
- 徳田剛・二階堂裕子・魁生由美子［編著］（2019）『地方発　外国人住民
  との地域づくり―多文化共生の現場から―』晃洋書房

3. 人権とシティズンシップに対する理解を深めるために

- 近藤敦（2019）『多文化共生と人権―諸外国の「移民」と日本の「外国人」―』
  明石書店
- 宍戸常寿（2015）『18 歳から考える人権』法律文化社

4. 多文化共生教育を実践するヒントを得るために

- ダイアン・J・グッドマン著、出口真紀子監訳（2017）『真のダイバーシ

ティをめざして―特権に無自覚なマジョリティのための社会的公正教育―』
上智大学出版
- 松尾知明（2011）『多文化共生のためのテキストブック』明石書店

5. 第３部のアクティブ・ラーニングをより深く理解するために

１）異文化尊重と公平（ホームルームで考えよう）
- 阿門禮（2017）『世界のタブー』集英社新書
- 「外国につながる子どもたちの物語」編集委員会（2013）『まんが　クラスメイトは外国人　入門編―はじめて学ぶ多文化共生―』明石書店
- 宇田川敬介（2015）『どうしてダメなの？「世界のタブー」がよくわかる本』笠倉出版社

２）合理的配慮と平等（学校で考えよう）
- 荒牧重人・榎井縁・江原裕美・小島祥美・志水宏吉・南野奈津子・宮島喬・山野良一［編著］（2017）『外国人の子ども白書―権利・貧困・教育・文化・国籍と共生の視点から―』明石書店
- 菊池聡（2018）『〈超・多国籍学校〉は今日もにぎやか！―多文化共生って何だろう―』岩波ジュニア新書
- 山脇啓造・服部信雄［編著］（2019）『新　多文化共生の学校づくり―横浜市の挑戦―』明石書店

３）ステレオタイプと偏見（部屋探しで考えよう）
- 赤尾千波（2015）『アメリカ映画に見る黒人ステレオタイプ』梧桐書院
- 原沢伊都夫（2013）『異文化理解入門』研究社
- のりこえねっと［編］(2014)『ヘイトスピーチってなに？　レイシズムってどんなこと？』七つ森書館

４）人権と経済効率（職場で考えよう）
- 西日本新聞社［編］(2017)『新移民時代―外国人労働者と共に生きる社会へ―』明石書店
- 安田浩一（2010）『ルポ　差別と貧困の外国人労働者』光文社新書
- 望月優大（2019）『ふたつの日本』講談社現代新書

５）社会権とコスト（病院で考えよう）
- 庵功雄（2016）『やさしい日本語―多文化共生社会へ―』岩波新書
- 近藤敦［編著］(2011)『多文化共生政策へのアプローチ』明石書店

- 水野真木子・内藤稔（2018）『コミュニティ通訳―多文化共生社会のコミュニケーション―新装版』みすず書房

6）合意形成と多数決（避難所で考えよう）
- 地震イツモプロジェクト［編］渥美公秀［監修］（2010）『地震イツモノート』ポプラ文庫
- GENERATION TIMES［企画・編集］矢守克也［編著］（2014）『被災地デイズ』弘文堂
- 矢守克也、網代剛、吉川肇子（2005）『防災ゲームで学ぶリスク・コミュニケーション―クロスロードへの招待―』ナカニシヤ出版

7）アイデンティティと政治参加（ルーツから考えよう）
- 自由人権協会［編］（2017）『外国人はなぜ消防士になれないか―公的な国籍差別の撤廃に向けて―』田畑書店
- 水野直樹・文京洙（2015）『在日朝鮮人―歴史と現在―』岩波新書
- 田中宏（2013）『在日外国人第三版―法の壁、心の溝―』岩波新書

（松田　ヒロ子）

おわりに

　本書の出発点は、遡ること 2016 年の夏である。国籍やルーツを異にしながら、同じ日本社会で生活実態のある生徒（高校生）に対し、これからの多文化共生社会の形成に向けてどのようなシティズンシップ教育の実践を展開すべきなのか、高校で教鞭を執る教師や研究者らと検討してみたいと考え、多文化共生のための市民性教育研究会を立ち上げた。

　当時、公職選挙法等の一部を改正する法律が成立し（2015 年）、選挙権年齢が満 18 歳以上に引き下げられることになり、にわかに「主権者教育」が注目を浴びていた。さまざまな主権者教育の教材が出版され、議論されるようになっていたが、そこでの学習者には「日本に定住する外国籍生徒」の存在がほとんど想定されていないこと、彼らが「教室にいるはずのない生徒」であるかのように扱われ続けている状況に‘うんざり’したのである。多文化化が進む日本社会において「公共性をつくる」意識をもつことは、日本に生活実態があり将来も日本で暮らす可能性の高い外国籍生徒にも、彼らと暮らしていく日本国籍生徒にも極めて重要なことであろう。そこで、そのような前提による多文化共生のためのシティズンシップ教育を具体的に検討し、提案できないだろうかと考えるに至った。また、2013 年頃から問題化したヘイトスピーチをはじめ、定住外国人に対する排外主義的な動きは、教育が長年に渡って「日本に定住する外国籍の人々」に正面から向き合わず、地域や学校にいる外国籍者を「よくわからない存在」のままにしてきたつけのように思えてならなかったことも大きい。

　当初の研究会は、窪田勉氏（兵庫県立兵庫高校教諭）、片田 孫 朝日氏（灘高校教諭）、川中大輔氏（シチズンシップ共育企画代表）と筆者の 4 名でスタートし、そこに松田ヒロ子氏（神戸学院大学准教授）が合流、2018 年からは杉浦真理氏（立命館宇治中学校・高等学校教諭）と藤川瞭氏（立命館宇治中学校・高等学校非常勤講師）が加わり、最終的に研究会メンバーは 7 名となった。研究会をほぼ月一回ペースで開催し、教材の出版を視野に、2017 年までは開発する実践のフレームについて議論を重ねた。2018 年からは、教材で扱うテーマや場面設定ごとの授業案づくりに入り、各々が実際に高校の授業や模擬授業の機会をとらえて実際に授業案を試行しつつ、研究会で意見交換を行いながら各授業案をブラッシュアップしていった。出版物の構成が確定した後、2019 年は各々で担当する原稿の執筆作業に入り、数度の編集会議を経て 2020 年 3 月の出版に至った。本研究にあたっては、「2017 年度神戸学院大学研究助成 C」および、「2016 年度・2017 年度・2018 年度・2019 年度甲南女子大学 学術研究及び教育振興奨励金」の助成を受けた。完成までに 4 年近い歳月がかかってしまったが、研究会メンバーの皆さんには、これまで多忙な仕事の合間を縫い、粘り強く教材の開発、本書の出版に向けてご尽力くださったことに心から感謝を表したい。

　「多文化共生のためのシティズンシップ教育」として盛り込むべき内容、工夫されるべき点など、研究会で出たアイデアは多岐に渡ったが、実際に教材に落とし込む段階で、当初の問題意識

166

やこれらのアイデアを必ずしも十分に盛り込めなかったという反省もある。今後、より有意義な多文化共生のためのシティズンシップ教育を検討していく上で、読者の奇譚のないご批判、ご意見を待ちたい。

　授業開発、および出版にあたっては、多くの方にお世話になった。角田仁教諭（都立一橋高等学校 定時制）、田畑北斗教諭（兵庫県立尼崎高等学校）、小林聖心女子学院高等学校には、授業案試行の貴重な機会をご提供いただいた。「部屋探しで考えよう」中のオリジナル動画制作においては、市村洸平さん、妻鳥奈桜さん、崔海涛さん、Michael Hughes, Andrew Woods にご協力いただいた。また、金一恵教諭（京都国際学園高校）と生徒の皆さん、株式会社水登社、NPO 法人 神戸定住外国人支援センター、すべての外国人労働者とその家族の人権を守る関西ネットワーク（RINK）には、授業案作成にあたりインタビューや資料提供、原稿作成などでお世話になった。研究会を代表して感謝申し上げたい。最後に、本書を出版するにあたってお世話になった明石書店の森富士夫さんにお礼を申し上げたい。ありがとうございました。

多文化共生のための市民性教育研究会　代表

野崎 志帆

執筆者紹介 (五十音順)

片田 孫 朝日 (かただ そん あさひ)
担当：第3部1-④、第3部1-⑦の資料8、コラム⑧、⑩、⑪、⑫、⑬、⑭、⑱、⑳

灘中学校・高等学校教諭(公民科)。「外国にルーツをもつ「日本人」のこと―移民や外国人が住みやすい社会に向けて―」『ふらっとライフ』(共著、北樹出版、2020年)。『男子の権力』(単著、京都大学学術出版会、2014年)。NPO法人神戸定住外国人支援センター理事。同法人で市民性教育プログラム「日本人とは」を開発し、高校・大学で実施。

川中大輔 (かわなか だいすけ)
担当：第1部3、第3部1-⑥、コラム⑨、⑮

龍谷大学社会学部准教授。放送大学客員准教授。シチズンシップ共育企画代表。専門：社会デザイン研究、市民社会論、シティズンシップ教育論。『シティズンシップ教育で拓く学校の未来』(監修、東洋館出版社、2015年)、『現代社会における「福祉」の存在意義を問う』(共著、ミネルヴァ書房、2018年)、『道徳教育』(共著、ミネルヴァ書房、2019年)。

菊池信孝 (きくち のぶたか)
担当：コラム⑯

株式会社フードピクト代表取締役。食を通した多文化共生をテーマに、アレルギーや病気、ベジタリアンや宗教上の理由により食べられないものがある人でも、安心して食事を楽しめる環境整備と相互理解を深める教育活動を実施。世界経済フォーラム Global Shapers (2010)、保健文化賞(2018)、日経優秀製品サービス賞(2019)などを受賞。

窪田勉 (くぼた つとむ)
担当：第1部2、4、第3部1-③、⑤

兵庫県立兵庫高等学校教諭 (地歴公民科)。兵庫県立西宮香風高等学校を経て現職。"A Unique Approach to Global Citizenship Education: Research-based learning at Hyogo High School in Japan" (*Journal of the Association for Citizenship Teaching*,48, ACT, 2018年)。日本シティズンシップ教育学会理事。

杉浦真理 (すぎうら しんり)
担当：第3部1-⑦、コラム⑰

立命館宇治中学校・高等学校教諭(社会科、公民科)。専門：社会科教育学、シティズンシップ教育。『シティズンシップ教育のすすめ』(単著、法律文化社、2013年)。『私たちが拓く日本の未来』(共著、総務省文科省、2015年)。総務省主権者教育アドバイザー、全国民主主義教育研究会機関誌編集長、日本シティズンシップ教育フォーラム副代表。

瀬木志央 (せぎ しおう)
担当：コラム③、④

甲南女子大学国際学部講師。専門：文化人類学、政治生態学、アジア太平洋地域における沿岸資源管理及び沿岸地域における自然災害と開発。"Protecting or pilfering? Neoliberal conservationist marine protected areas in the experience of coastal Granada, the Philippines"(単著、*Human Ecology* 誌、2014年)など。

野崎志帆 (のざき しほ)
担当：はじめに、第1部1、第3部1、第3部1-②、コラム⑤、⑦、おわりに

甲南女子大学国際学部教授。専門：人権教育、シティズンシップ教育、多文化教育。『外国人と共生する地域づくり』(共著、明石書店、2019年)、『考えたくなる人権教育キーコンセプト』(共著、世界人権問題研究センター、2018年)、『人権教育と市民力』(共著、解放出版社、2011年)など。NPO法人神戸定住外国人支援センター理事。

藤川瞭 (ふじかわ りょう)
担当：第3部1-①

立命館宇治中学校・高等学校非常勤講師(社会科)。立命館大学大学院実践教育専攻修了(2019年)。「主権者を育てる対話型社会科授業―社会を考え・話し合う場を創るワークショップ『ワールドカフェ』授業―」(『民主主義教育21』12号、2018年)にて教育実践を掲載。

松田ヒロ子 (まつだ ひろこ)
担当：第2部、第3部1-①、③、⑤のテーマの背景、第3部2、コラム①、②、⑲

神戸学院大学現代社会学部教授。専門：社会史・歴史社会学。東アジア地域研究。『沖縄の植民地的近代：台湾へ渡った人びとの帝国主義的キャリア』(単著、世界思想社、2021年)、「多文化共生に向けたシティズンシップ教育」(単著、『現代社会研究』5号、2019年)など。

山野上隆史 (やまのうえ たかし)
担当：コラム⑥

公益財団法人とよなか国際交流協会常務理事兼事務局長。日本語教師や文化庁職員を経て、2016年より現職。『外国人と共生する地域づくり』(共著、明石書店、2019年)。2019年4月から2020年3月まで月1回、毎日新聞「つながり紡いで」のコーナーにとよなか国際交流協会の取組を中心に寄稿(毎日新聞のウェブサイトでも閲覧可)。

多文化共生のためのシティズンシップ教育実践ハンドブック

2020年3月30日　初版第1刷発行
2023年3月1日　初版第2刷発行

編著者　　多文化共生のための
　　　　　市民性教育研究会
発行者　　大　江　道　雅
発行所　　株式会社 明石書店
〒101-0021　東京都千代田区外神田6-9-5
　　　　　　電　話　03 (5818) 1171
　　　　　　ＦＡＸ　03 (5818) 1174
　　　　　　振　替　00100-7-24505
　　　　　　http://www.akashi.co.jp
装丁　　　明石書店デザイン室
印刷・製本　日経印刷株式会社

（定価はカバーに表示してあります）　　　　　　ISBN978-4-7503-4999-2

本気で女性を応援する女子大学の探求

甲南女子大学の女性教育

野崎志帆、ウォント盛香織、米田明美 編著

A5判／並製／208頁 ●1800円

運営母体が100周年を迎えた兵庫県・甲南女子大学の教職員が、「女性という記号」をもつ学生と向き合い、女子大学の存在意義、女性教育の取り組み、自身の専門領域と女性教育との関わりについて記述し、今後の女性教育について問題提起する。

■■■ 内容構成 ■■■

序論　本気で女性を応援する女子大学の探求
I　甲南女子大学の女性教育のこれまでと今
II　各学問領域における女性教育
〈女性教育と人文科学〉
〈女性教育と社会科学〉
〈女性教育と保健医療科学〉
シンポジウム報告　甲南女子大学のこれから

外国人と共生する地域づくり

大阪・豊中の実践から見えてきたもの

とよなか国際交流協会編集　牧里毎治監修

●2400円

人の移動とエスニシティ

越境する他者と共生する社会に向けて

中坂恵美子、池田賢市編著

●2200円

日本の「非正規移民」

「不法性」はいかにつくられ、維持されるか

加藤丈太郎

●3600円

感染症を学校でどう教えるか

コロナ禍の学びを育む社会科授業プラン

池田考司・杉浦真理編著

●1300円

複数国籍

日本の社会・制度的課題と世界の動向

佐々木てる編

●3200円

にほんでいきる

外国からきた子どもたち

毎日新聞取材班編

●1600円

五色のメビウス

「外国人」とともにはたらき　ともにいきる

信濃毎日新聞社編

●1800円

外国人の生存権保障ガイドブック

Q&Aと国際比較でわかる生活保護と医療

生活保護問題対策全国会議編

●1600円

〈価格は本体価格です〉

現代国際理解教育事典 改訂新版

日本国際理解教育学会 編著

A5判／上製／336頁
● 4700円

『現代国際理解教育事典』を全面刷新。グローバル社会の変化・進展により求められる視点や事項を反映させ、歴史と理論、学習領域論、カリキュラム論、学習論／方法論、代表的実践、関連諸教育、関連諸科学、国際協力機関の8分野261項目にわたり解説する。

■■■ 内容構成 ■■■

1　歴史と理論
2　学習領域論
　・多文化社会
　・グローバル社会
　・地球的課題
　　《開発問題》
　　《環境問題》
　　《平和問題》
　　《人権問題》
　・未来への選択

3　カリキュラム論
4　学習論／方法論
5　代表的実践
6　関連諸教育
7　国際理解教育と関連諸科学
8　国際協力機関
　　《国際機関》
　　《日本政府の海外協力機関》

付録　国際理解教育関連文献目録
資料

新たな時代のESD サスティナブルな学校を創ろう 世界のホールスクールから学ぶ

永田佳之編著・監訳　曽我幸代編著・訳
● 2500円

社会科における多文化教育 多様性・社会正義・公正を学ぶ

森茂岳雄、川﨑誠司、桐谷正信、青木香代子編著
● 2700円

小学校の英語教育 多元的言語文化の確立のために

河原俊昭、中村秩祥子編著
● 3800円

日韓中でつくる国際理解教育

日本国際理解教育学会、ACCU共同企画
大津和子編
● 2500円

国際理解教育 多文化共生社会の学校づくり

佐藤郡衛
● 2300円

新 多文化共生の学校づくり 横浜市の挑戦

山脇啓造、服部信雄編著
● 2400円

外国人児童生徒受入れの手引【改訂版】

文部科学省総合教育政策局
男女共同参画共生社会学習・安全課編著
● 800円

ワークショップで学ぶ紛争解決と平和構築

上杉勇司、小林綾子、仲本千津編著
● 1800円

〈価格は本体価格です〉

異文化間教育事典

異文化間教育学会 編著

A5判／上製／288頁 ●3800円

異文化間教育学の「知」を結集した事典。理論と方法、対象、領域の3部からなり、研究・実践にとって基礎となる204の重要項目を体系的に理解できるように配置。多文化化する社会における現代的な課題を取り上げ、今後の社会づくりの課題とヒントを示す。

■内容構成

第Ⅰ部 異文化間教育の理論と方法
1 異文化間教育の歴史と理論
2 研究の視点
3 方法論
4 教育の方法（学習論、ICT）

第Ⅱ部 異文化間教育の対象
1 海外・帰国児童生徒
2 中国帰国生
3 日本人留学生・外国人留学生（日本学校）
4 在日コリアン
5 外国人児童生徒
6 移動する人
7 バイカルチュラル家族
8 外国人学校

第Ⅲ部 異文化間教育の領域
9 地域
1 異文化間能力
2 異文化適応
3 異文化間心理
4 異文化間コミュニケーション
5 マイノリティ教育、多文化教育
6 言語教育
7 日本語教育
8 バイリンガリズム（第二言語習得）
10 ダイバーシティ
11 アイデンティティ
12 ライフコース／キャリア
13 教育者養成
学校教育

まんがで学ぶ開発教育 世界と地球の困った現実
飢餓・貧困・環境破壊
日本国際飢餓対策機構編　みなみななみ まんが
●1200円

新版 シミュレーション教材「ひょうたん島問題」
多文化共生社会ニッポンの学習課題
藤原孝章
●1800円

「人種」「民族」をどう教えるか
創られた概念の解体をめざして
中山京子、東優也、太田満、森茂岳雄編
●2600円

イスラーム／ムスリムをどう教えるか
ステレオタイプからの脱却を目指す異文化理解
荒井正剛・小林春夫編著
●2300円

外国人児童生徒のための社会科教育
文化と文化の間を能動的に生きる子どもを授業で育てるために
南浦涼介
●4800円

多文化共生のためのテキストブック
松尾知明
●2400円

国際バカロレアの挑戦
グローバル時代の世界標準プログラム
岩崎久美子編著
●3600円

ユネスコスクール 地球市民教育の理念と実践
小林亮
●2400円

〈価格は本体価格です〉

身近なことから世界と私を考える授業

100円ショップ・コンビニ・牛肉・野宿問題

開発教育研究会 編著

B5判／並製／120頁 ●1500円

「100円ショップ」「コンビニ」「牛肉」「野宿者」という私たちに身近なテーマを取り上げ、日本社会の課題を考えるワークブック。日本社会の「南的」な課題を扱うことによって、構造的な理解をうながす。私たちの足下、暮らしから考える開発教育。

■内容構成

1 なんでも?!100円ショップ ——100円ショップから世界を考える
2 コンビニから考える私たちのくらし——便利さの背景にあるもの
3 いのちの食べ方を問う——食卓の牛肉から見える世界
4 "ホームレス"ってどんなひと?——一緒に考えよう! 野宿問題

身近なことから世界と私を考える授業Ⅱ

オキナワ・多みんぞくニホン・核と温暖化

開発教育研究会 編著

B5判／並製／144頁 ●1600円

戦争中「日本の捨て石」とされ今も集中する米軍基地に苦しむ沖縄、近代日本の植民地主義から生まれた在日コリアン、複雑な国際情勢から日本にやってきたベトナム難民など日本のマイノリティと原子力による戦争と環境への脅威を取り上げる授業のためのテキスト。

■内容構成

1 沖縄から考える平和
2 「多みんぞくニホン」を生きる
3 核と温暖化〜マーシャルと日本

〈価格は本体価格です〉

SDGs実践教材集
私を考える授業Ⅲ 身近なことから世界と

[「自分ごと」として学ぶ17ゴール]

開発教育研究会 編著

B5判／並製／196頁
●1900円

SDGsを自分ごととして捉え、行動に導くための参加型学習による教材集。チョコレート、食と農と気候危機、プラスチックごみ、ムスリム・ムスリマ、パレスチナ、日本で働く外国人などを題材に、主体的・協働的に学び、自分たちに何ができるかを考える。

■■■ 内容構成 ■■■

1 あなたに贈りたいチョコレート
2 食と農と気候危機
3 世界を変えたワタとプラスチック
4 国をこえて生きる
5 となりのムスリム・ムスリマ
6 パレスチナを知ろう！
7 日本で働く外国人

トランスナショナル移民のノンフォーマル教育

女性トルコ移民による内発的な社会参画

丸山英樹

●6000円

移民の子どもと教育

統合を支える教育政策

OECD編著　布川あゆみ、木下江美、斎藤里美監訳

●3000円

新自由主義的な教育改革と学校文化

大阪の改革に関する批判的教育研究

濱元伸彦、原田琢也編著

●3800円

ともに生きるための教育学へのレッスン40

明日を切り拓く教養

北海道大学教育学部、宮﨑隆志、松本伊智朗、白水浩信編

●1800円

「生きる力」を育むグローバル教育の実践

生徒の心に響く主体的・対話的で深い学び

石森広美

●2000円

多文化社会の社会教育

公民館・図書館・博物館がつくる「安心の居場所」

渡辺幸倫編著

●2500円

コロナ禍が変える日本の教育

教職員と市民が語る現場の苦悩と未来

NPO法人「教育改革2020『共育の杜』」企画・編集

●2000円

批判的教育学事典

マイケル・W・アップル、ウェイン・アウ、ルイ・アルマンド・ガンディン編
長尾彰夫、澤田稔監修

●25000円

〈価格は本体価格です〉

みなみななみ まんが
まんが クラスメイトは外国人 課題編〈第2版〉
「外国につながる子どもたちの物語」編集委員会編
私たちが向き合う多文化共生の現実
●1300円

みなみななみ まんが
まんが クラスメイトは外国人 多文化共生20の物語
「外国につながる子どもたちの物語」編集委員会編
●1200円

みなみななみ まんが
まんが クラスメイトは外国人 入門編 はじめて学ぶ多文化共生
「外国につながる子どもたちの物語」編集委員会編
●1200円

佐藤郡衛
多文化社会に生きる子どもの教育 外国人の子ども、海外で学ぶ子どもの現状と課題
●2400円

加賀美常美代
異文化間葛藤と教育価値観 日本人教師と留学生の葛藤解決に向けた社会心理学的研究
●3000円

西山教行、大木充編著
グローバル化のなかの異文化間教育 異文化間能力の考察と文脈化の試み
●2400円

松尾知明
「移民時代」の多文化共生論 想像力・創造力を育む14のレッスン
●2200円

松尾知明
多文化教育の国際比較 世界10カ国の教育政策と移民政策
●2300円

日本国際理解教育学会 石森広美、釜田聡、桐谷正信、永田佳之、中山京子、藤原孝章、森田真樹、森茂岳雄編著
国際理解教育を問い直す 現代的課題への15のアプローチ
●2500円

志水宏吉、島善信編著
未来を創る人権教育 大阪・松原発 学校と地域をつなぐ実践
●2500円

稲垣みどり、細川英雄、金泰明、杉本篤史編著
共生社会のためのことばの教育 自由・幸福・対話・市民性
●2700円

権五定、鷲山恭彦監修 李修京編著
多文化共生社会に生きる グローバル時代の多様性・人権・教育
●2500円

大島隆
芝園団地に住んでいます 住民の半分が外国人になったとき何が起きるか
●1600円

中島智子、権瞳、呉永鎬、榎井緑著
公立学校の外国籍教員 教員の生〈ライヴズ〉、「法理」という壁
●2700円

石井香世子、小豆澤史絵
外国につながる子どもと無国籍 児童養護施設への調査結果と具体的対応例
●1000円

西日本新聞社編
新 移民時代 外国人労働者と共に生きる社会へ
●1600円

〈価格は本体価格です〉